AF435530

BALONMANO

NEUROCIENCIA APLICADA AL LANZAMIENTO

Concepto y 50 tareas para su entrenamiento

Grupo IAFIDES

Título: BALONMANO. NEUROCIENCIA APLICADA AL LANZAMIENTO. CONCEPTO Y 50 TAREAS PARA SU ENTRENAMIENTO
Autor: GRUPO IAFIDES
Corrección del texto: MANUELA CASTILLO SOLER

Editorial: WANCEULEN EDITORIAL
Sello Editorial: WANCEULEN EDITORIAL DEPORTIVA

ISBN (Papel): 978-84-18486-50-0
ISBN (Ebook): 978-84-18486-51-7

DEPÓSITO LEGAL: SE 1843-2020

Impreso en España. 2020

WANCEULEN S.L.
C/ Cristo del Desamparo y Abandono, 56 - 41006 Sevilla
Dirección web: www.wanceuleneditorial.com y www.wanceulen.com
Email: info@wanceuleneditorial.com

ÍNDICE

INTRODUCCIÓN 7

EL LANZAMIENTO EN BALONMANO 9

SIMBOLOGÍA 17

50 TAREAS DE NEUROCIENCIA APLICADA AL LANZAMIENTO
EN BALONMANO 19

INTRODUCCIÓN

En la iniciación al mundo del entrenamiento es muy usual intentar encontrar una receta o una fórmula que resuelva nuestras necesidades y que cubra las posibles lagunas que tengamos en nuestro conocimiento o en nuestra capacidad.

La complejidad y diversidad del juego hacen que haya que tener un conocimiento del mismo para su enseñanza y para su aprendizaje en algunos casos.

Este libro con tareas no pretende ser una respuesta matemática a las necesidades que pueda tener un entrenador para encontrar soluciones a los problemas que se le planteen. La intención es poder manejar recursos, adaptarlos a nuestra realidad de entrenamientos y que puedan introducirnos y orientarnos a conseguir en el entrenamiento los objetivos pretendidos.

He reducido el uso de material para simplificar y poder llegar a cualquier nivel de recursos y que puedan ser llevadas a cabo en cualquier realidad, sin necesidad de unos materiales que dificulten su realización.

Existen distintos tipos de tareas para la mejora del dominio colectivo de cualquier medio que queramos que nuestro equipo maneje durante el desarrollo de los partidos. Atendiendo a la metodología empleada, la duración, los espacios, el número de jugadores... pueden variar para satisfacer nuestro modelo de juego.

A continuación, seleccionaré distintas tareas, desde las más simples a las de mayor complejidad, para poder aplicar los beneficios de la neurociencia al lanzamiento a portería dentro de las tareas y que puedan formar parte de distintos modelos de juego ya que, atendiendo a las pretensiones de cada entrenador y a la metodología a emplear, cada uno debe introducirlas donde considere oportuno. Estas tareas carecen de un contexto y de una estrategia operativa, para los cuales necesitarán adaptación por parte del entrenador a todas las variables que crea que pueden tener incidencia en el desarrollo del juego de su equipo y a las características del mismo.

En este libro se indicarán el número de jugadores y la división y distribución de los espacios. No obstante, para que la tarea se adapte a cada equipo, edad y estado físico de los jugadores, modelo de juego y metodología, cada entrenador la deberá adaptar en cuanto a metros las distancias, los espacios e incluso en número de jugadores en algunos casos para tener un mejor desarrollo con su equipo.

Las tareas no tendrán límites contactos o golpeos para conseguir nuestro objetivo, ya que habrá jugadores que necesiten o decidan utilizar un número mayor por necesidades del juego, por condiciones técnicas o por condicionantes físicos de desarrollo. No obstante, al ser tareas abiertas, el entrenador podrá condicionarlas si lo cree necesario u oportuno para conseguir los beneficios pretendidos conociendo la realidad a la que las va a exponer.

EL LANZAMIENTO A PORTERÍA
EN BALONMANO

El lanzamiento a portería está considerado como la acción de impulsar el balón hacia la portería con objetivo de superar al portero y conseguir el gol. Este impulso podrá realizarse con todas las superficies que permite el reglamento.

El objetivo final del juego de un equipo, independiente de la forma en la que se produzca, es el lanzamiento a portería con la intención de hacer gol.

Los lanzamientos pueden ser de varios tipos en función del salto o no del jugador, del armado del brazo y de la posición del tronco en el momento que se produce.

Cualquier acción requiere una interpretación de lo que está sucediendo, pero no puede ser reflexiva. No existe tiempo para valorar. Si el jugador se para a reflexionar y a valorar perderá cualquier tipo de ventaja que pueda tener ante una situación determinada. Los entrenadores tenemos que darles herramientas para que su ejecución sea eficaz y para que el jugador sea eficiente. Digo eficaz porque goles son igual de válidos cuando el lanzamiento es con una mano que con otra (siempre que entren de forma reglamentaria en la portería rival).

El jugador tiene que estar en condiciones óptimas para competir y poder rendir durante los partidos. Si un jugador falla un lanzamiento a portería en un partido no sólo tiene que ser porque sea malo técnicamente o porque no lo haya ejecutado bien; puede ser porque se puso nervioso ante la presión del rival y se precipitó, porque un rival no le dejó armar el brazo, porque no debió lanzar porque tenía otra mejor opción, porque el rival se anticipó a su acción...

¿Cómo corregimos esto?

Parar a los dos equipos en una simulación de la acción en la que se le explique al jugador en cuestión cómo o dónde tenía que haber ejecutado el lanzamiento se considera una pérdida de tiempo y de energías que no produciría ninguna mejora en el jugador ni en el equipo. Hay que darle un *feedback* rápido y conciso y seguir con lo siguiente. Igualmente, después de esto, poner a un jugador enfrente del portero y hacer un alto número de repeticiones del lanzamiento para la corrección de lo sucedido buscando una mejora del juego colectivo sigue siendo poco útil. Las situaciones rutinarias se olvidan.

Se aprende a lanzar equivocándonos en el lanzamiento, y lanzando una y otra vez en distintas situaciones, lo importante no es que el lanzamiento esté bien ejecutado en cuanto a unos patrones de ejecución del gesto técnico (que es lo que queríamos), lo importante es que, cuando lo falle, lo recupere pronto o cómo le pedimos que lo recupere para poder tener otra posibilidad de lanzar a portería y conseguir que entre en la portería que era el objetivo, por ejemplo.

Entonces, tenemos que preparar al jugador para que sea capaz de resolver todas las acciones del juego, porque a lo mejor lo que estuvo mal ("con el periódico del lunes") no es el lanzamiento, sino que no debió pasar para seguir manteniendo el balón y atraer a los rivales, creyó que tenía una buena opción de lanzamiento y no era así... Con lo cual, tenemos que preparar a los jugadores para que sean capaces de resolver las situaciones de juego.

La tendencia para corregir un error es aislarlo y trabajarlo de manera aislada para la mejora del rendimiento, pero la experiencia y el entendimiento del juego como una realidad única indisoluble hace pensar que nos acerca más al error porque no produce una mejora en el juego colectivo, sino una mejora de una acción aislada, que nunca más se volverá a repetir durante la vida deportiva del jugador.

En la búsqueda de la perfección de los modelos de juego, los entrenadores tendemos a desmenuzar el juego con principios, subprincipios, subsubprincipios... que nos hacen explicar cómo juega nuestro equipo y esto hace que en muchas ocasiones nuestros entrenamientos se pierdan en la mejora de factores técnicos aislados que pensamos que son los que hacen errar a los jugadores aunque puede ser, por poner un ejemplo, que nuestro modelo de juego les esté pidiendo a nuestros jugadores cualidades técnicas que no les pertenecen, que no son las que les hacen mostrar su talento o que la decisión no haya sido la adecuada.

En etapas de formación nos gusta enseñarles a los jóvenes jugadores cómo es el gesto técnico para la ejecución del lanzamiento a portería y hacer esa demostración *"que saca a relucir esa calidad técnica que tenemos todos los entrenadores, muy superior a la de nuestros jóvenes aprendices"*.

El jugador bueno que todos queremos tener en nuestro equipo es el que sabe cuándo tiene que lanzar en vez de conducir, el que lanza y hace el gol, el que interpreta la acción de un compañero, el que se anticipa al juego del contrario..., en definitiva, el que toma bien las decisiones sobre el terreno de juego.

Es igual de válido un gol realizando un lanzamiento con un armado de brazo clásico que con un armado de brazo de cadera siempre y cuando entre en la portería rival (cumpliendo el reglamento). Puede no ser igual de estético según "unos" patrones del lanzamiento a portería, pero si el jugador puede ejecutarlo con destreza y consigue el gol de manera habitual... ¿por qué no?

Cuando entrenamos o preparamos a nuestros equipos tenemos que diseñar nuestras sesiones de entrenamiento. Hoy en día se hacen multitud de tareas intentando "perturbar" la decisión para condicionar al jugador en su toma de decisión; se utilizan varios "recursos" como cambiarle el color en el último momento que le indica dónde tiene que lanzar, decirle un número para que tenga que desplazarse hacia un lugar, tocar el silbato y finalizar la jugada... Y yo me pregunto por qué en un "juego" como el balonmano, en el que intervienen tantos factores, que queremos que el jugador domine y sepa interpretar en cada momento, los estímulos que utilizamos para que el jugador ejecute no tienen nada que ver con el juego.

Durante el juego se coordinan diferentes procesos cognitivos de manera simultánea con la visión periférica.

La visión periférica es importante, pero saber poner el foco en lo relevante es clave para la correcta toma de decisión. Existe un gran número de trabajos aplicados desde el área física, en su mayor parte, que utilizan estas teorías y estos artículos científicos sobre el aprendizaje en los entrenamientos, pero muy alejados del juego.

En todas las facetas del entrenamiento se intentan copiar procedimientos de otros deportes que a lo mejor están más avanzados o tienen un mayor grado de estudio y demuestran transferencia. Las situaciones no se repiten nunca en el juego, no hay dos pases iguales en un partido, no hay dos lanzamientos iguales en un partido, no hay dos ataques iguales en un partido... Entonces, si estamos de acuerdo en esto, ¿no sería mejor preparar a nuestro equipo para que sepa reaccionar mejor ante las situaciones que se dan en el juego y ante estímulos que tengan que ver con este y no con colores, números, palmadas, pitido del silbato...? Existen muchas dudas de que en un entrenamiento el hecho de que un jugador "vea el rojo y se desplace hacia donde está el color rojo", tenga algo que ver con el juego, con su preparación y con su mejora como jugador. Mejorará capacidades del individuo, pero no entiendo que mejore como jugador. Es como si pensáramos que a un atleta de 50 metros lisos le va a producir una mejora de su rendimiento en la competición saltar sobre el lugar rojo después de ver ese color.

Además de esto, nos encontramos con una variable más que, en nuestro intento por "perturbar" el juego al jugador, nos lleva a querer inventar, hasta el punto de que no somos conscientes de que estamos "desentrenando" a nuestros jugadores. ¿Qué pasa en un partido cuando suena un silbato? Pues que se pone en juego el balón o que se tiene que detener el juego. Y si nosotros usamos el silbato para cambiar de zona de juego, para lanzar a portería, para pasar el balón... estamos utilizando un estímulo que el jugador tiene que identificar durante el partido para sacar rápido, pararse... para algo que no le va a ser útil después e, incluso, puede crearle alguna confusión en edades tempranas.

Con esto no quiero decir que no se hagan juegos de activación, que no se hagan este tipo de tareas que nos pueden servir para entretener a los jugadores o como dinámicas de equipo, sólo expreso que, si queremos entrenar balonmano y sacar mayor rendimiento a los entrenamientos, los que no disponemos de muchas horas para poder entrenar a nuestros equipos tenemos que intentar que nuestras tareas tengan la mayor transferencia al juego posible.

Siempre será mejor trabajar para que nuestro equipo en una tarea pase a atacar cuando pierda el balón el equipo contrario, pase cuando haya un movimiento de desmarque del compañero, presione cuando el equipo contrario llegue a una zona, lance cuando sea la mejor opción... y conseguiremos mayor transferencia al juego o a nuestro juego, según el equipo donde estemos, la edad o capacidad de los jugadores que entrenemos y el modelo de juego que queramos desarrollar con nuestro equipo.

Se podría argumentar que estos estímulos intentan "molestar" al jugador para entrenar la capacidad de enfocarse en lo que está haciendo. Estímulos que nunca se va a encontrar en un partido.

¿Y si ponemos al jugador a lanzar ante jugadores que intentan obstaculizar el lanzamiento y compañeros que le dan otras soluciones? Unos lo conseguirán y otros no. El jugador tendrá que identificar el estímulo al que tiene que reaccionar (posibilidad de lanzamiento) y lanzar con ventaja descartando todos los demás estímulos (desmarques de compañeros que no se consiguieron, rivales que intentaron obstaculizar y no lo hicieron, ...). Y si además el jugador lanza ante la presión de un jugador, se cruzan otros jugadores por medio, si falla el lanzamiento tendrá que presionar para volver a lanzar... podremos aumentar la carga cognitiva de lo que estamos entrenando utilizando elementos del juego. Estímulos ante los que tendrá que reaccionar y dar una respuesta o descartar.

De esta manera, conseguiríamos contextualizar las acciones, hasta el punto que lo consideremos necesario y se atienda al nivel de los jugadores a los que vayamos a exponer las tareas. Controlando y adaptando las cargas cognitivas.

Hay que intentar como entrenadores que el entrenamiento sea un medio facilitador del aprendizaje.

Nuestro objetivo como entrenadores es ayudar a nuestros jugadores en su proceso de aprendizaje, bien sea en formación o en alto rendimiento, compitiendo. Durante un partido en balonmano, por mucho que intentemos que la competición sea lo más sana y educativa posible en su iniciación, compites con un rival para ganarle, porque es inherente al juego mismo. Los estímulos y las respuestas tienen que estar encaminados al aprendizaje del jugador y tienen que tener estrecha relación con lo que puede pasar en un partido para que el aprendizaje sea significativo, bien sea una situación en la que la respuesta siempre sea la misma (por ejemplo, lanzar) y que la decisión sea cómo lanzar (de una manera o de otra) o bien una situación en la que haya muchas respuestas (contraataque) y muchas posibles decisiones dentro de esa respuesta (puede haber infinitas en la ejecución).

Para ello, la complejidad de la tarea irá estrechamente relacionada con la capacidad de aprendizaje y el desarrollo de las capacidades del jugador o del equipo.

Las tareas más analíticas en el aprendizaje, para las mejoras de los gestos técnicos como tales, deben llevar una toma de decisión para su eficiencia, ya que enseñar los gestos técnicos disociados de todas las variables del juego preparan al jugador para tener destreza en una acción determinada, a una distancia determinada, aplicando la misma fuerza y sin ninguna toma de decisión y los jugadores están constantemente tomando decisiones en un partido por la realidad cambiante del juego. Por ejemplo, un jugador enfrente del portero, lanzando a diez metros de distancia es una tarea o ejercicio que sólo le producirá al jugador una mejora del lanzamiento a esa distancia precisa y el aprendizaje carecerá de mejora cognitiva alguna. Mientras que ese lanzamiento, si el portero está variando la distancia, modificando la velocidad a la que se mueve, moviéndose entre conos, cambiando de espacios,... o cualquier otra variable que haga que la repuesta sea siempre la misma (que consistirá en lanzar), la decisión de la ejecución será distinta y el proceso de aprendizaje llevará una carga cognitiva mayor y esto repercute directamente en la mejora del jugador en cuanto a sus respuestas en el juego.

Los condicionantes espaciotemporales, humanos y reglados de las tareas tendrán estrecha relación con el juego, no puede ser un condicionante para el jugador una cuerda para marcar la altura del lanzamiento, el condicionante debe tener relación con el juego, por ejemplo, poner un rival entre él y el portero e ir adaptando los espacios y número de jugadores al proceso de aprendizaje y al jugador o los jugadores.

En las siguientes tareas los estímulos e indicadores para lanzar a portería serán estímulos e indicadores propios del juego para identificarlos en cada momento. Realizar un lanzamiento, conducir o cambiar de zona después de un estímulo auditivo (voz del entrenador, silbato...) o cualquier otro que no tenga nada que ver con lo que pueda pasar en un partido (mostrar un color, aviso del entrenador o de un compañero,...) nos ayudarán a realizar las tareas, pero no a utilizar con la destreza específica el lanzamiento a portería y a desarrollar el aprendizaje en el jugador; con lo cual, los estímulos, indicadores o recursos utilizados tendrán transferencia al juego y podrán ser adaptados por el entrenador atendiendo a la realidad a la que los vaya a exponer.

SIMBOLOGÍA

Jugadores Equipo A	○
Jugadores Equipo B	●
Jugadores Equipo C	○
Desplazamiento sin balón	⇢
Desplazamiento del balón	→
Conducción del balón	⌇→
Desplazamiento del balón por alto	⤴
Lanzamiento a portería	⟹
Balón	⚽

NEUROCIENCIA APLICADA AL LANZAMIENTO EN BALONMANO

50

TAREAS PARA SU ENTRENAMIENTO

Tarea N° 1	Objetivo Principal	Mejora del lanzamiento a portería
	Jugadores	2 (1xP)

Explicación

-21-

El portero en la línea de siete metros, pasa el balón al jugador y se dirige a uno de los postes. El jugador que se adelanta al cono o silueta debe lanzar a portería para hacer gol.

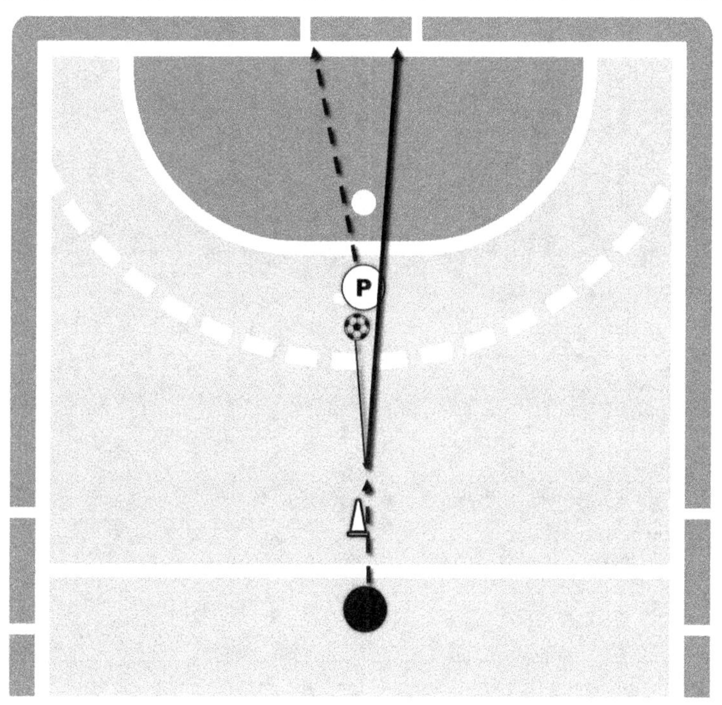

Tarea N° 2	Objetivo Principal	Mejora del lanzamiento a portería
	Jugadores	2 (1xP)

Explicación

-22-

El portero en la línea de siete metros, pasa el balón al jugador y puede retroceder a la portería o salir a acortar los espacios al jugador. El jugador que se adelanta al cono o silueta debe lanzar a portería para hacer gol.

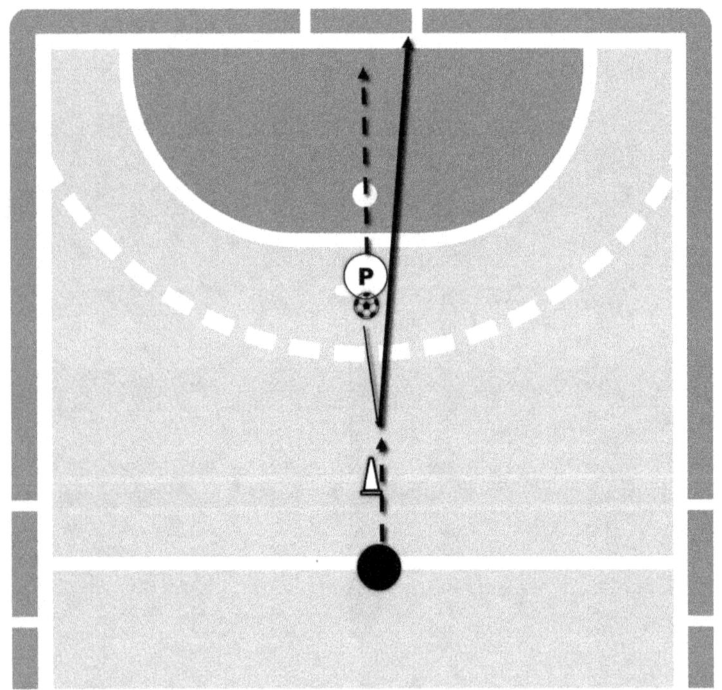

Tarea N° 3	Objetivo Principal	Mejora del lanzamiento a portería
	Jugadores	3 (1×1+P)

Explicación

El portero en la línea de siete metros, pasa el balón al jugador y se dirige a uno de los postes. El jugador se adelanta al rival (que no podrá salir a presionarle hasta que lo vea) y buscará lanzar a portería para hacer gol.

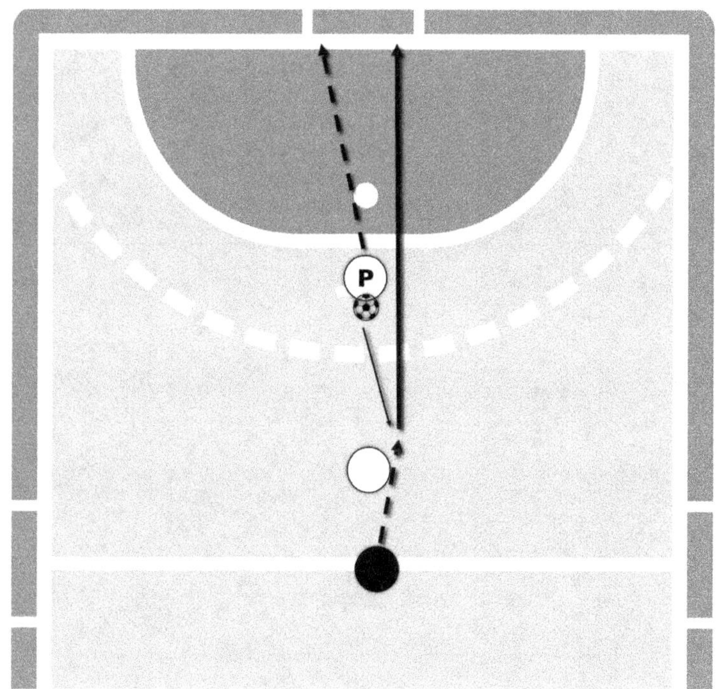

Tarea N° 4	Objetivo Principal	Mejora del lanzamiento a portería
	Jugadores	6

Explicación

Los jugadores distribuidos como en la imagen. Cuando salga conduciendo el jugador con balón para lanzar a portería, uno de los rivales de manera aleatoria intentará evitar el lanzamiento.

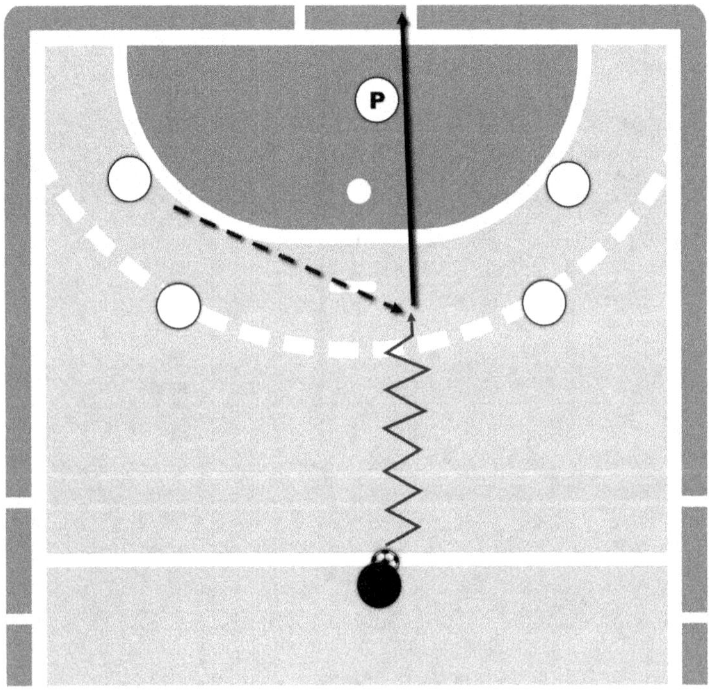

Tarea N° 5	Objetivo Principal	Mejora del lanzamiento a portería
	Jugadores	5

Explicación

Los jugadores distribuidos como en la imagen. Cuando salga conduciendo el jugador con balón para lanzar a portería. En el equipo blanco uno irá a presionar el lanzamiento y otros retrocederán para interceptarlo cambiando en cada acción de manera aleatoria.

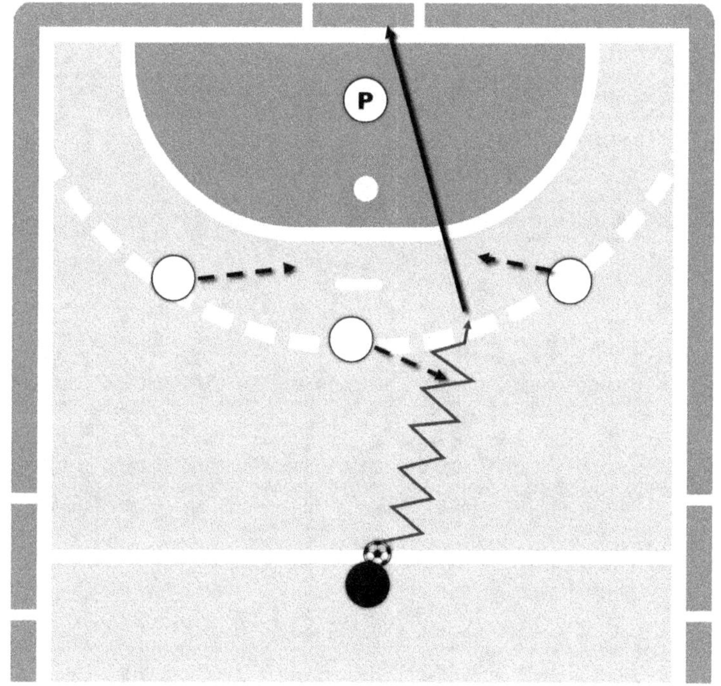

Tarea N° 6	Objetivo Principal	Mejora del lanzamiento a portería
	Jugadores	5

Explicación

Los jugadores distribuidos como en la imagen. Cuando salga conduciendo un jugador con balón para lanzar a portería, los jugadores del equipo blanco desplazándose sobre las líneas intentaran obstaculizar e interceptar el lanzamiento.

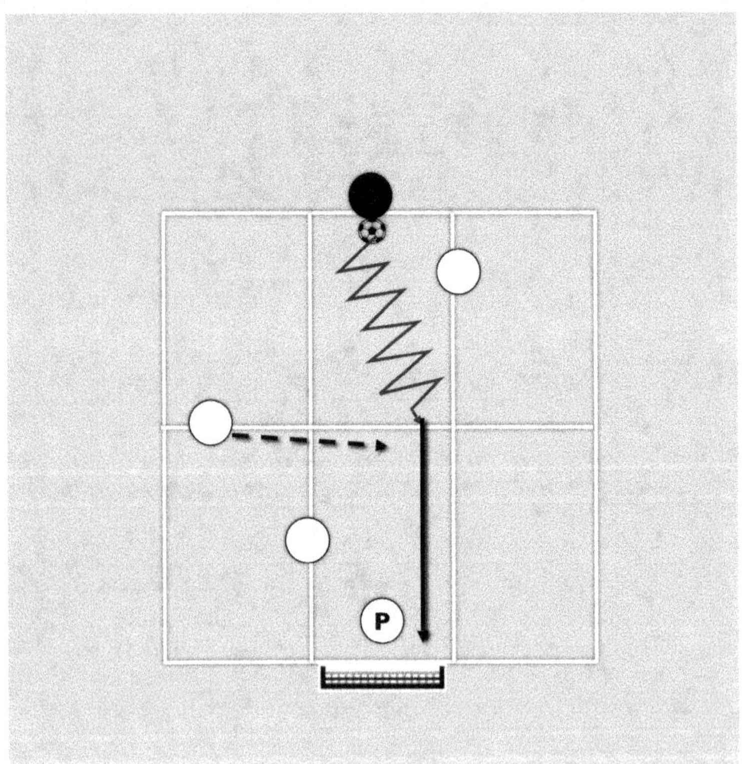

Tarea N° 7	Objetivo Principal	Mejora del lanzamiento a portería
	Jugadores	8

Explicación

Los jugadores distribuidos como en la imagen. El jugador del centro pasará con el más alejado de la portería y cuando los jugadores del otro quipo entren a presionar pasarán al compañero cercano a la portería (que se desmarcará) para buscar la mejor opción de lanzamiento. Sólo podrán entrar dos a presionar y nunca serán los mismos, ni de los mismos lugares.

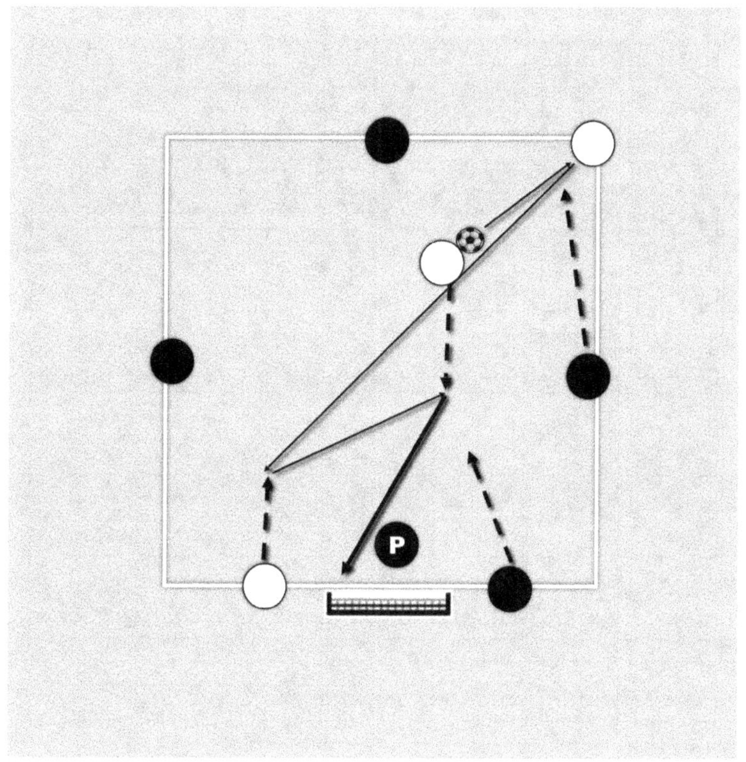

Tarea N° 8	Objetivo Principal	Mejora del lanzamiento a portería
	Jugadores	4

Explicación

El jugador con balón conducirá hacia la portería y uno de los jugadores, de manera aleatoria irá a presionarle para evitar el lanzamiento a portería.

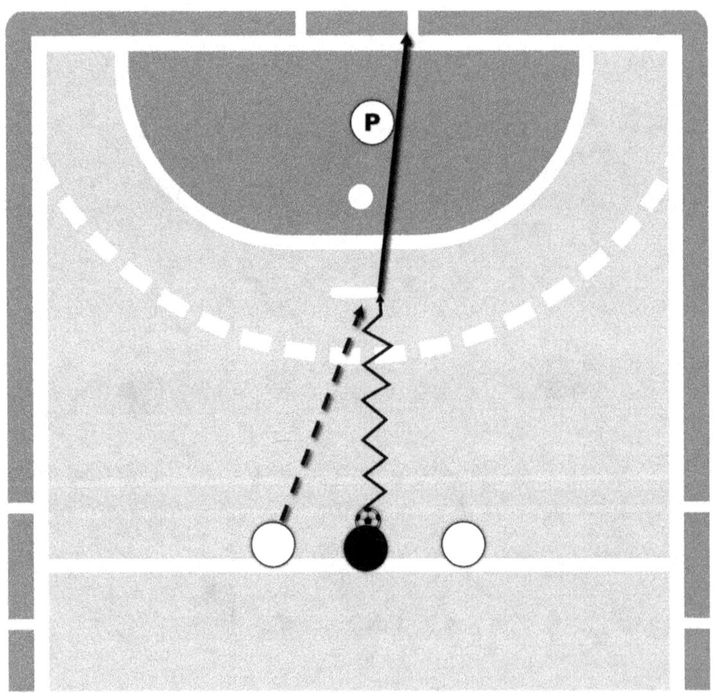

Tarea N° 11	Objetivo Principal	Mejora del lanzamiento a portería
	Jugadores	7

Explicación

El jugador con balón conducirá hacia la portería y uno de los jugadores rivales que están con un jugador del equipo negro irá a evitar el lanzamiento, liberando al compañero marcado. El jugador de atrás irá a marcar al jugador liberado. El jugador que conduce intentará tomar la mejor solución para el lanzamiento a portería.

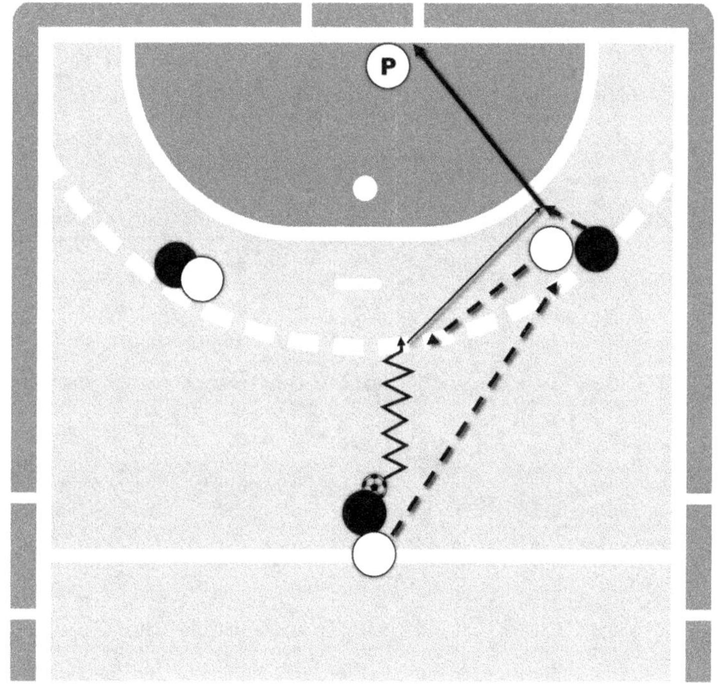

Tarea N° 12	Objetivo Principal	Mejora del lanzamiento a portería
	Jugadores	3 (1x1+P)

Explicación

Dos jugadores se pasan el balón y cuando uno decide sacar el balón del cuadrado para lanzar a portería el otro va a presionarle para intentar evitarlo.

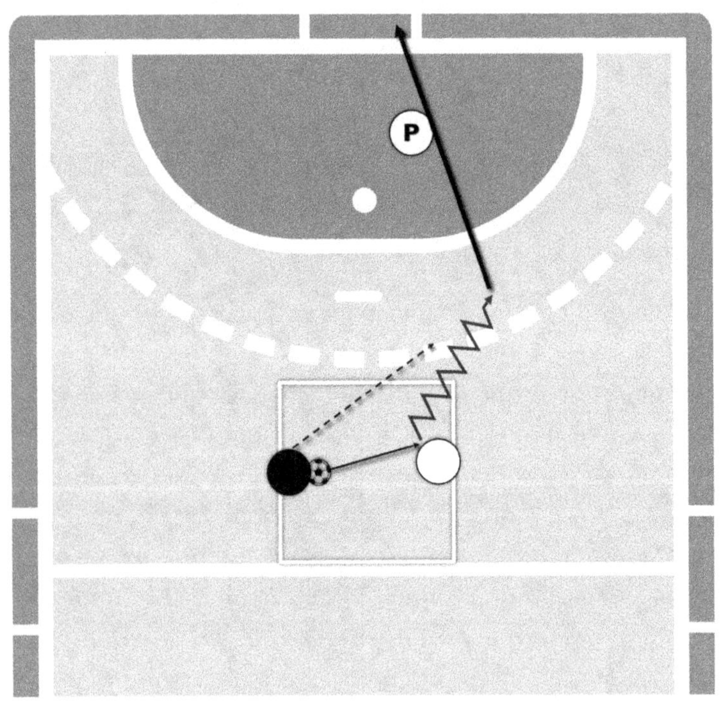

Tarea N° 13	Objetivo Principal	Mejora del lanzamiento a portería
	Jugadores	5 (2x2+P)

Explicación

Dos jugadores del equipo negro se pasan el balón sin que caiga al suelo entre ellos, una pareja de otro equipo entra en el cuadrado a presionar, roba el balón y sale a lanzar a portería con la presión de los que perdieron.

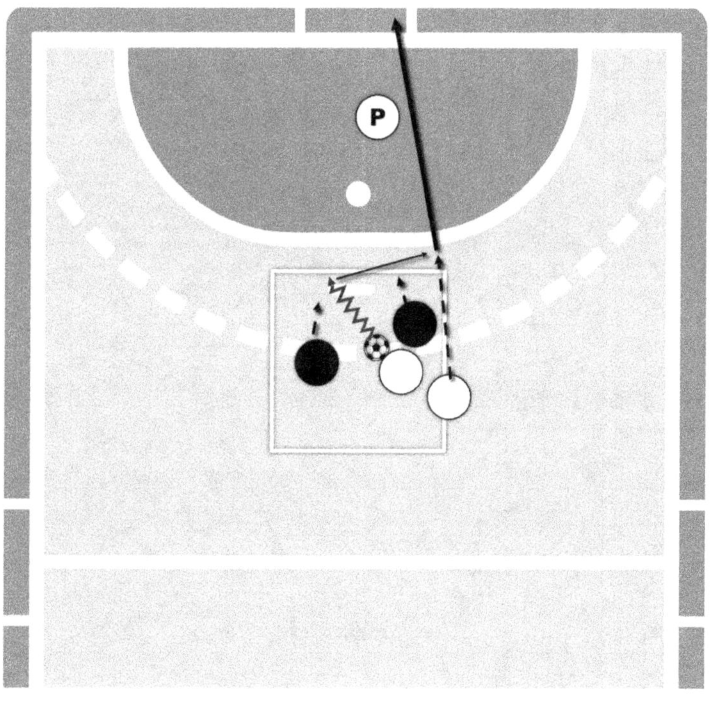

Tarea N° 14	Objetivo Principal	Mejora del lanzamiento a portería
	Jugadores	3

Explicación

Los jugadores se pasan el balón y cuando el jugador del equipo negro decida salir de su cuadrado conduciendo para lanzar a portería el otro irá a presionar para evitar el lanzamiento.

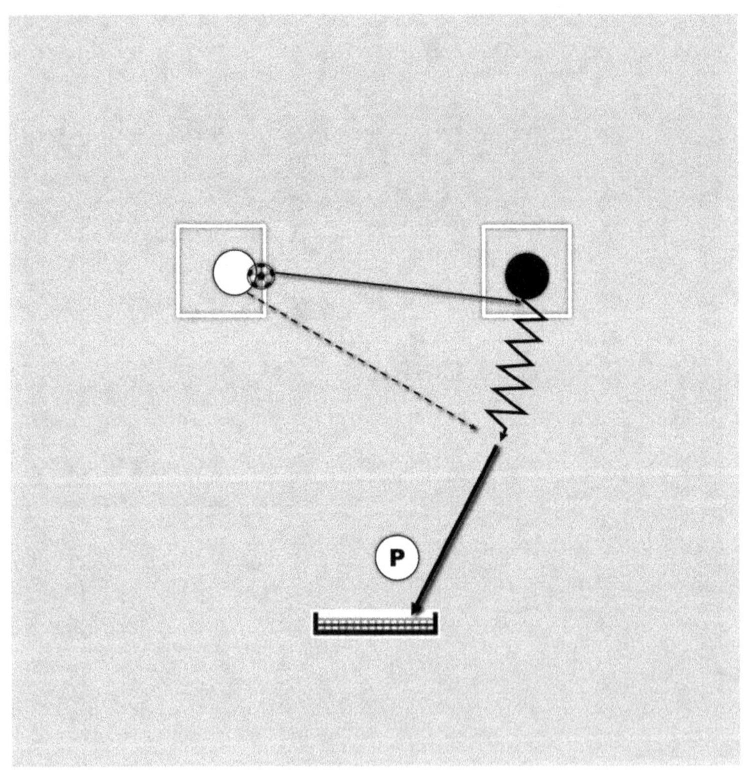

Tarea N° 15	Objetivo Principal	Mejora del lanzamiento a portería
	Jugadores	4

Explicación

Los jugadores se pasan el balón y cuando uno decida salir de su cuadrado conduciendo para lanzar a portería el otro irá a presionar para evitar el lanzamiento.

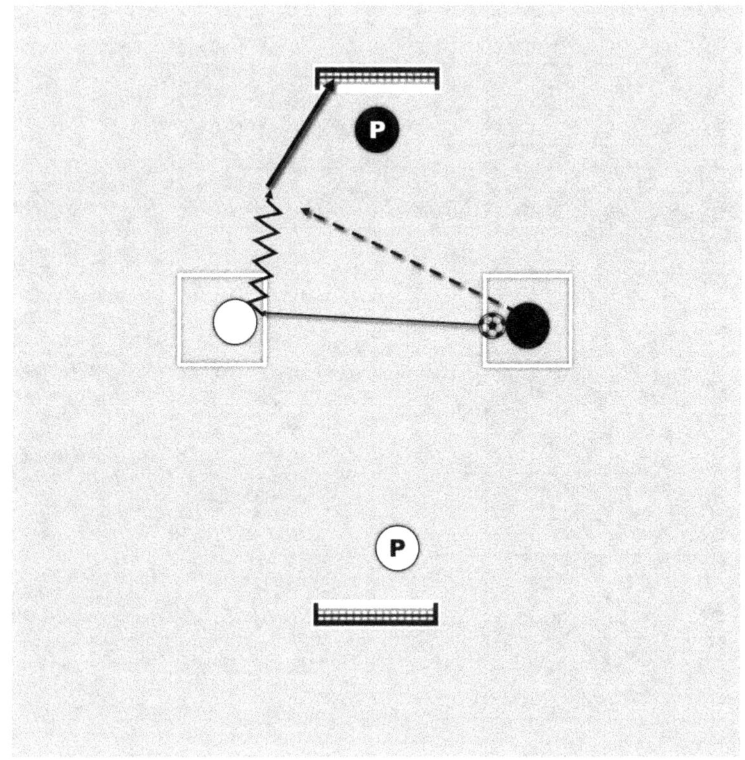

Tarea N° 16	Objetivo Principal	Mejora del lanzamiento a portería
	Jugadores	3 (1x1+P)

Explicación

-36-

Dos jugadores se pasan el balón con una sola mano, cuando sale fuera o se cae el balón, el jugador que falló obstaculizará el lanzamiento del otro.

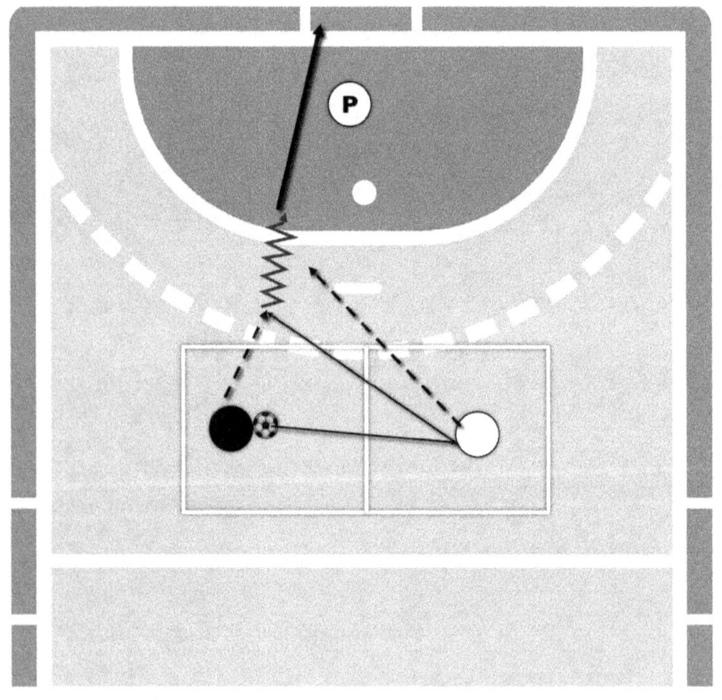

Tarea N° 17	Objetivo Principal	Mejora del lanzamiento a portería
	Jugadores	8

Explicación

Los jugadores colocados como en la imagen, el equipo negro pasará el balón entre ellos, el equipo blanco podrá interceptar y atacar hacia la portería, alternado el número y la posición de los jugadores que atacarán. Al perder el balón el equipo negro, dos jugadores (que irán variando) presionarán para obstaculizar el lanzamiento a portería.

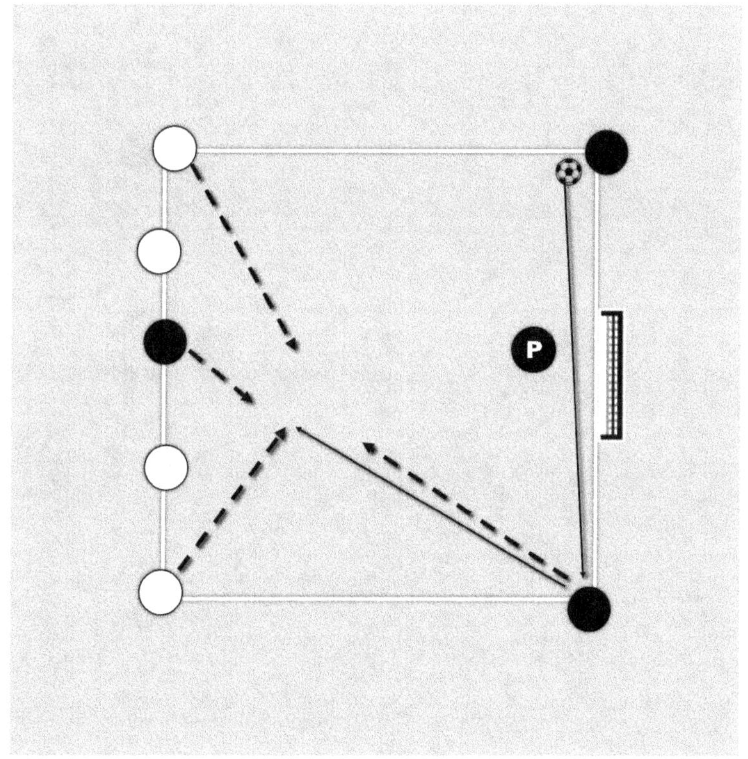

Tarea N° 18	Objetivo Principal	Mejora del lanzamiento a portería
	Jugadores	8

Explicación

Los jugadores colocados como en la imagen, el equipo negro pasará el balón entre ellos, cuando jueguen con el más alejado de la portería, el equipo blanco podrá interceptar el pase y atacar hacia la portería, alternado el número y la posición de los jugadores que intentarán impedir el lanzamiento a portería.

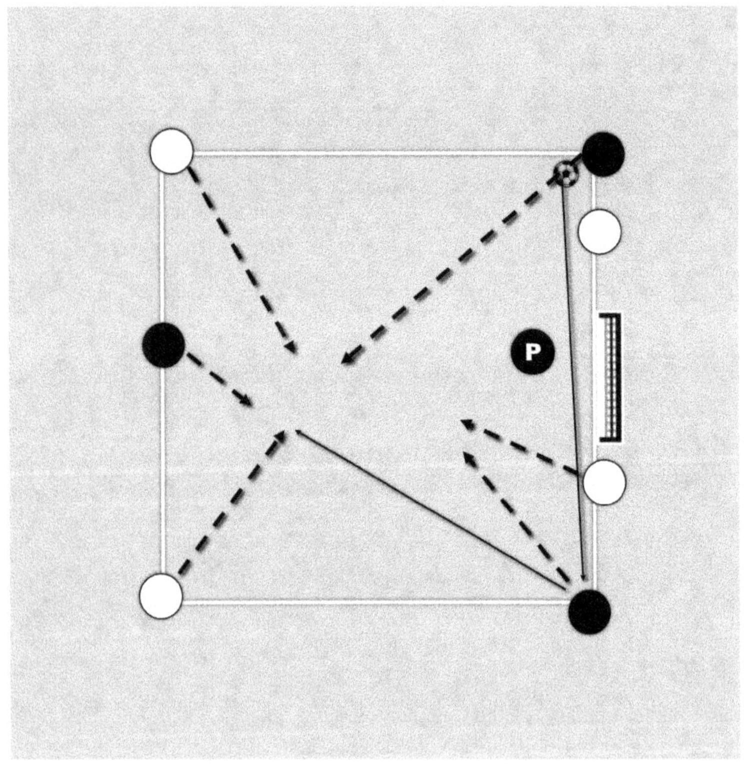

Tarea N° 19	Objetivo Principal	Mejora del lanzamiento a portería
	Jugadores	11

Explicación

Los jugadores colocados como en la imagen, el equipo negro pasará el balón entre ellos por dentro, cuando un jugador del equipo blanco intercepte entrarán cuatro jugadores para lanzar a portería, alternado la posición de los jugadores que que entran en cada ocasión. Al perder el balón el equipo negro, tres jugadores presionarán para evitar el lanzamiento.

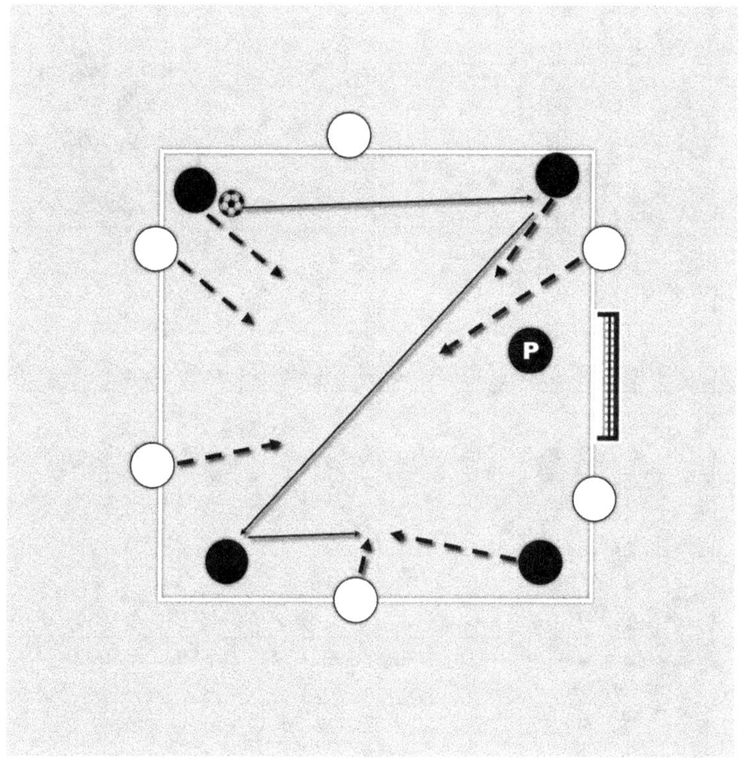

Tarea N° 20	Objetivo Principal	Mejora del lanzamiento a portería
	Jugadores	18

Explicación

Un jugador del equipo blanco sale con balón y y uno del equipo negro sale sin balón para evitar el lanzamiento. El jugador del equipo blanco intentará lanzar y el del equipo negro intentará que no. Cuando lance o pierda el balón saldrá uno de otro equipo y el que lanzó o perdió tiene que ir a presionarlo, cuando este pierda o lance saldrá uno de otro equipo y así sucesivamente de manera aleatoria buscando siempre la mejor opción de lanzamiento.

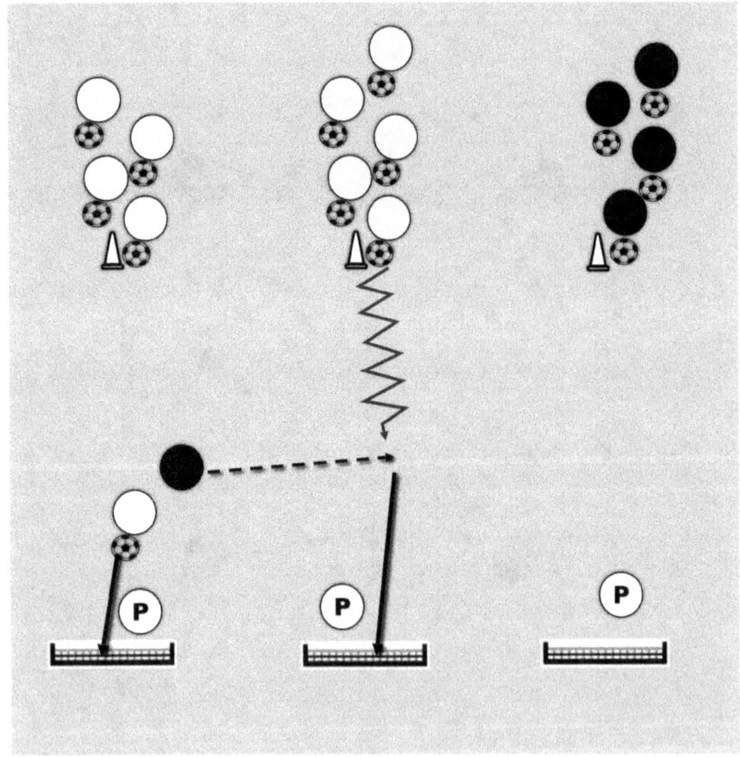

Tarea N° 21	Objetivo Principal	Mejora del lanzamiento a portería
	Jugadores	2 (1xP)

Explicación

El portero detrás de la portería, pasa el balón al jugador y se dirige a la portería por uno de los lados. El jugador que se adelanta al cono o silueta debe lanzar a portería para hacer gol teniendo en cuenta por donde viene el portero.

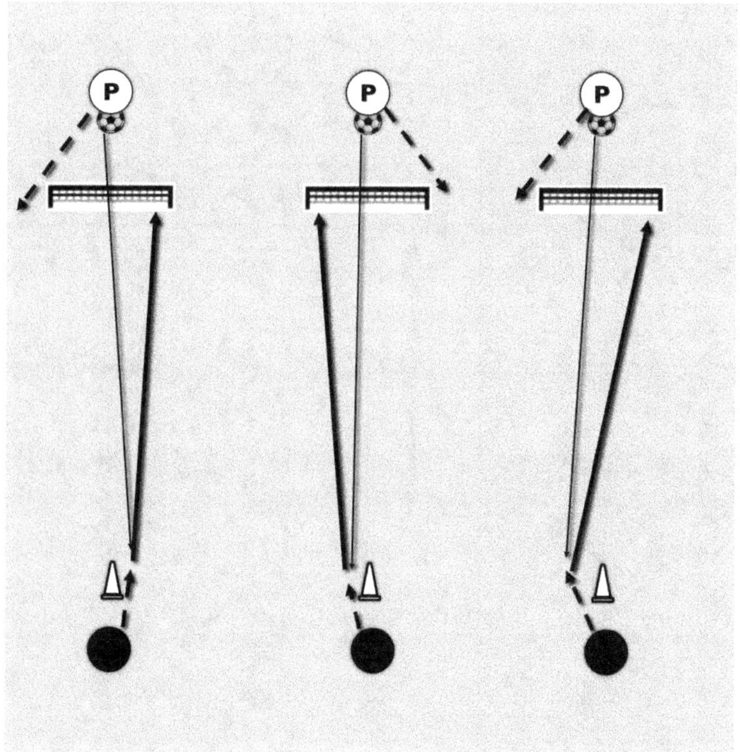

Tarea N° 22	Objetivo Principal	Mejora del lanzamiento a portería
	Jugadores	3

Explicación

El portero pasa el balón al jugador que se adelantará por un lado o por otro al contrario (este no podrá reaccionar hasta que no lo vea) que le presionará para que no pueda lanzar a portería.

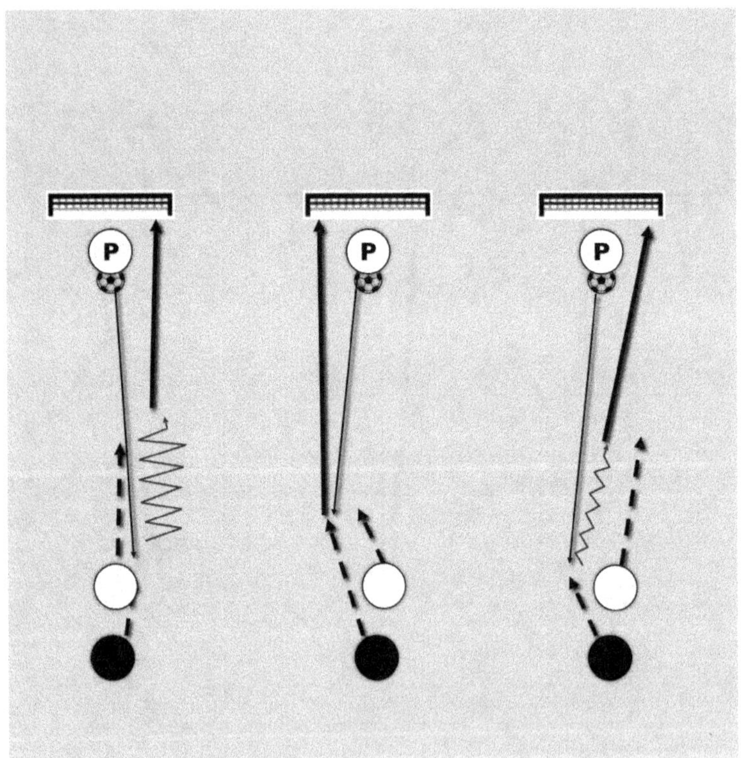

Tarea N° 23	Objetivo Principal	Mejora del lanzamiento a portería
	Jugadores	6

Explicación

Los jugadores distribuidos cómo en la imagen. Los porteros sacan y los jugadores que defienden (blanco), podrán salir indistintamente hacia uno u otro jugador, cambiando en cada jugada sin que se sepa a cual van a presionar el lanzamiento. Todos parten tras la silueta o cono para salir por un lado u otro.

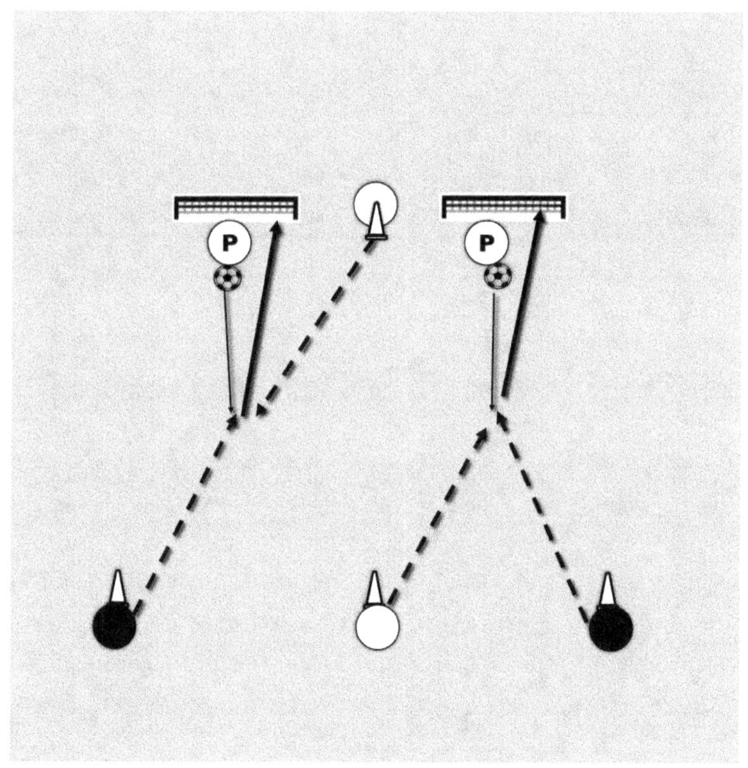

Tarea N° 24	Objetivo Principal	Mejora del lanzamiento a portería
	Jugadores	5

Explicación

Los jugadores distribuidos como en la imagen, tras los conos o siluetas y cuando les pasan el balón los porteros, salen hacia el balón para lanzar. El jugador del centro irá hacia uno u otro a disputar el balón para lanzar a portería.

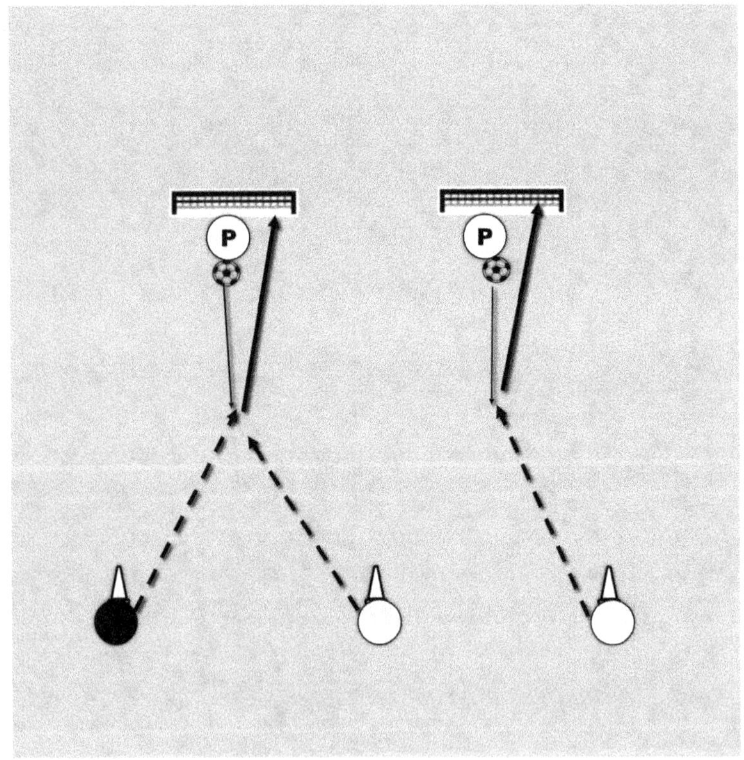

Tarea N° 25	Objetivo Principal	Mejora del lanzamiento a portería
	Jugadores	10

Explicación

Los jugadores distribuidos como en la imagen. El portero pasa el balón al jugador (color negro) que se adelantará al cono o silueta para lanzar a portería. De los 4 jugadores blancos sólo participan 3 que intentarán dificultar que puedan lanzar a portería (irán alternando los que participan y a quien presionan sin que lo conozca el otro equipo).

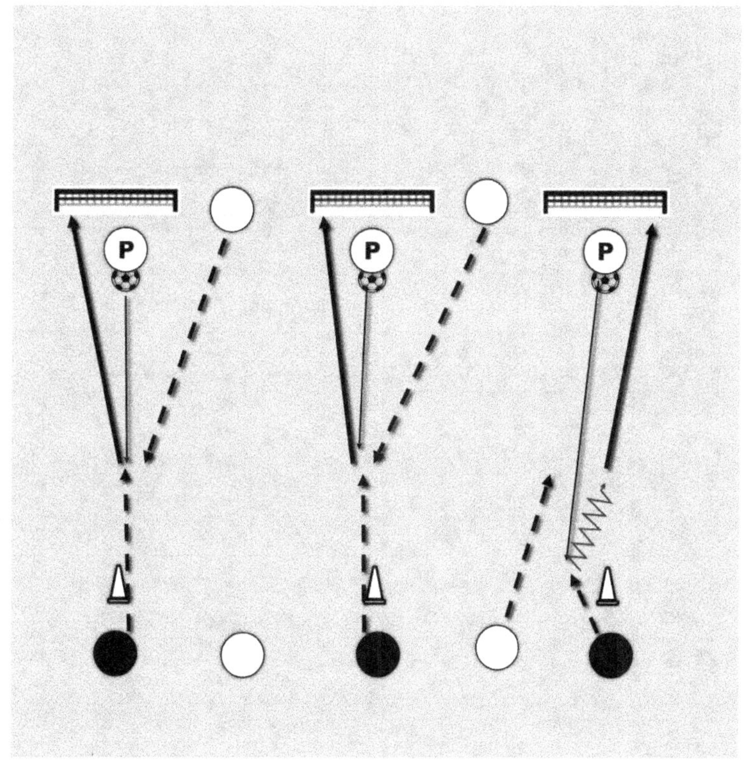

Tarea N° 26	Objetivo Principal	Mejora del lanzamiento a portería
	Jugadores	6

Explicación

El jugador del cuadrado pasa el balón al jugador que se adelantará al contrario (este no podrá reaccionar hasta que no lo vea), le presionará para que no pueda lanzar a portería junto con otro jugador más y si lo considera podrá apoyarse en el compañero que le pasó el balón para hacer gol. El jugador que irá a presionar irá variando en cada ocasión.

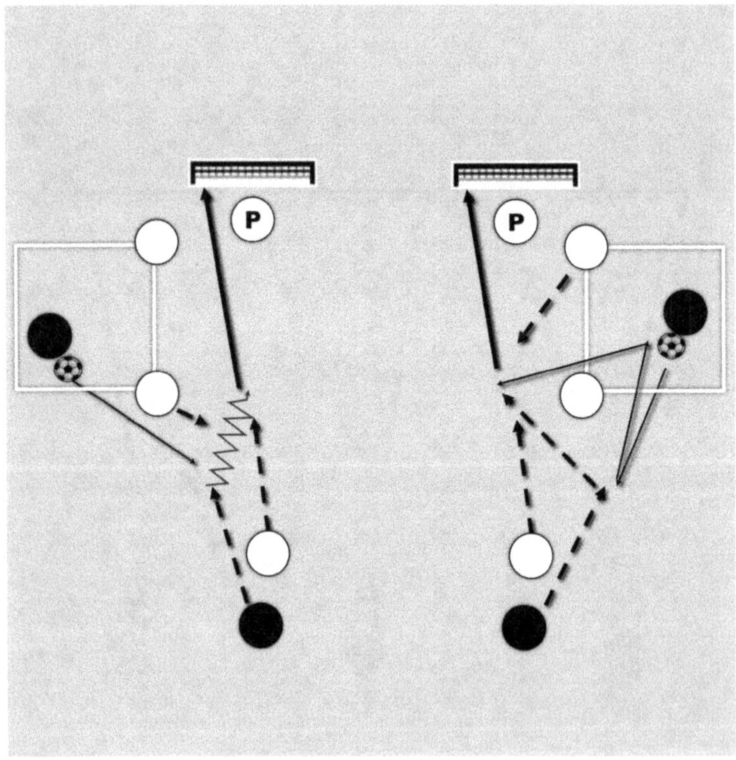

Tarea N° 27	Objetivo Principal	Mejora del lanzamiento a portería
	Jugadores	5

Explicación

El jugador y los porteros distribuidos como en la imagen. Cuando el jugador recibe del portero tiene que volverse y lanzar a la portería que está libre, porque el portero fue a presionarle y la dejo vacía. Los porteros cambiarán y dejarán otra portería libre al presionarle para volver a pasarle el balón y que se repita la acción variando la portería.

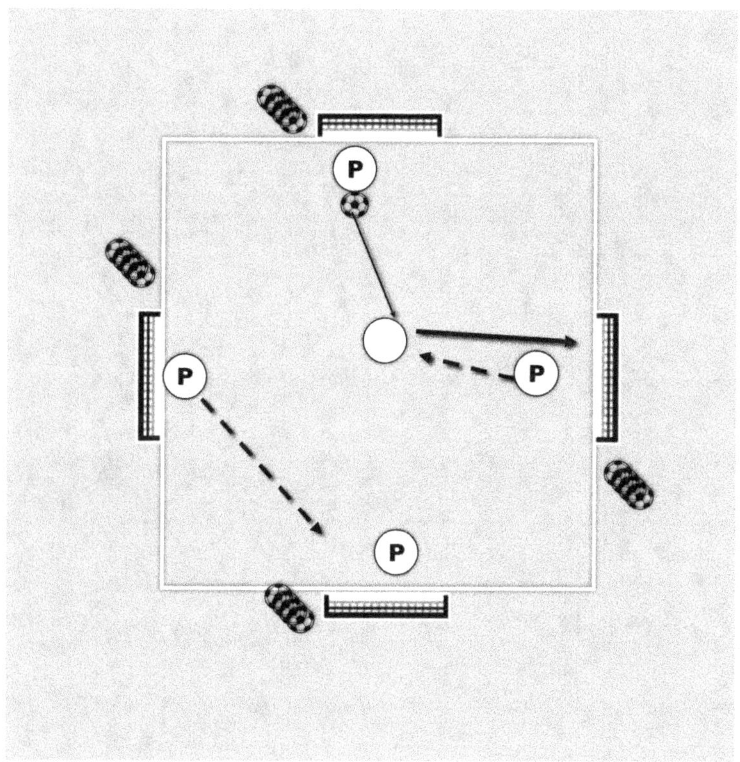

Tarea N° 28	Objetivo Principal	Mejora del lanzamiento a portería
	Jugadores	5 (1x4P)

Explicación

El jugador y los porteros distribuidos como en la imagen. Tres porteros con balón y uno sin balón. Uno de ellos pasará el balón al jugador que tendrá que orientar el cuerpo y el balón cuando lo recepcione para lanzar a la portería donde el portero no tiene balón. Irá alternando el portero que le pasa y el que se queda sin balón de manera aleatoria.

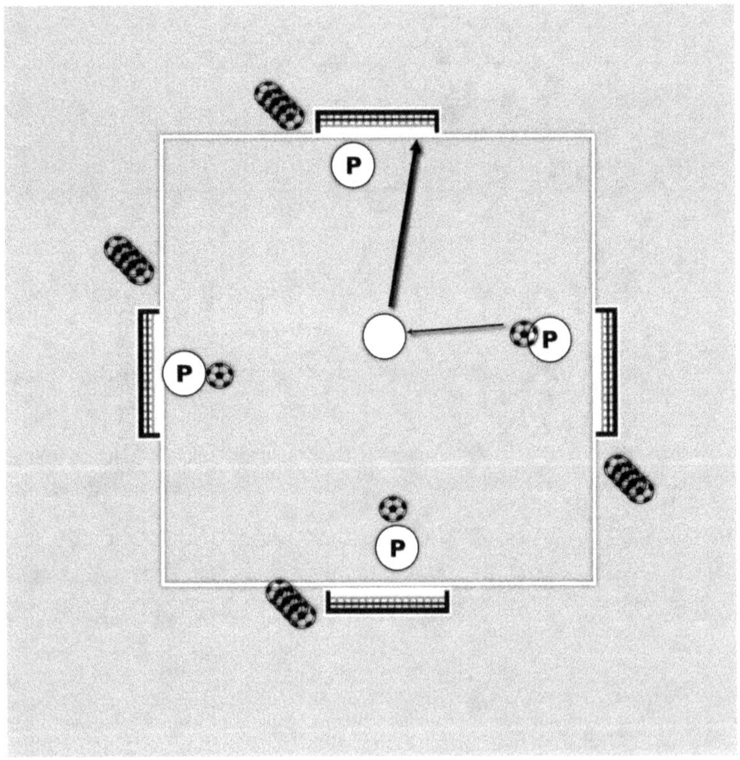

Tarea N° 29	Objetivo Principal	Mejora del lanzamiento a portería
	Jugadores	5

Explicación

Los jugadores distribuidos como en la imagen. Cuando el jugador recepciona del portero tiene que volverse y lanzar a la portería que tiene el portero y los otros 2 jugadores irán a presionarle. Los porteros cambiarán con los jugadores para repetir la acción variando la portería y el lugar desde donde se recibe la presión.

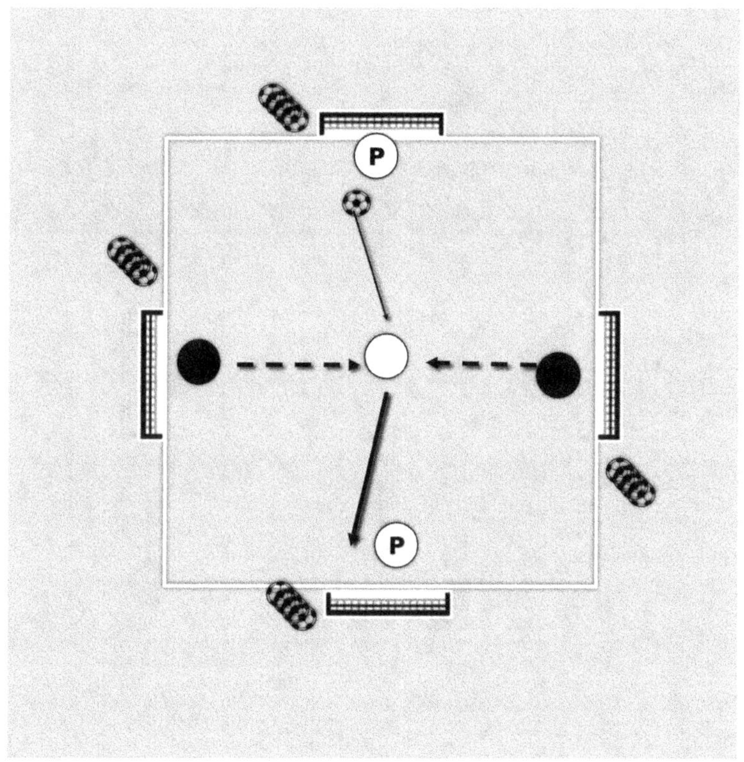

Tarea N° 30	Objetivo Principal	Mejora del lanzamiento a portería
	Jugadores	8

Explicación

Los jugadores distribuidos como en la imagen. Cuando el jugador recepciona del portero tiene que volverse y lanzar a la portería que tiene el portero o apoyarse en uno de los apoyos si lo considera necesario antes del lanzamiento y dos jugadores rivales irán a presionarle. Los porteros cambiarán con los jugadores para repetir la acción variando la portería y el lugar desde donde se recibe la presión.

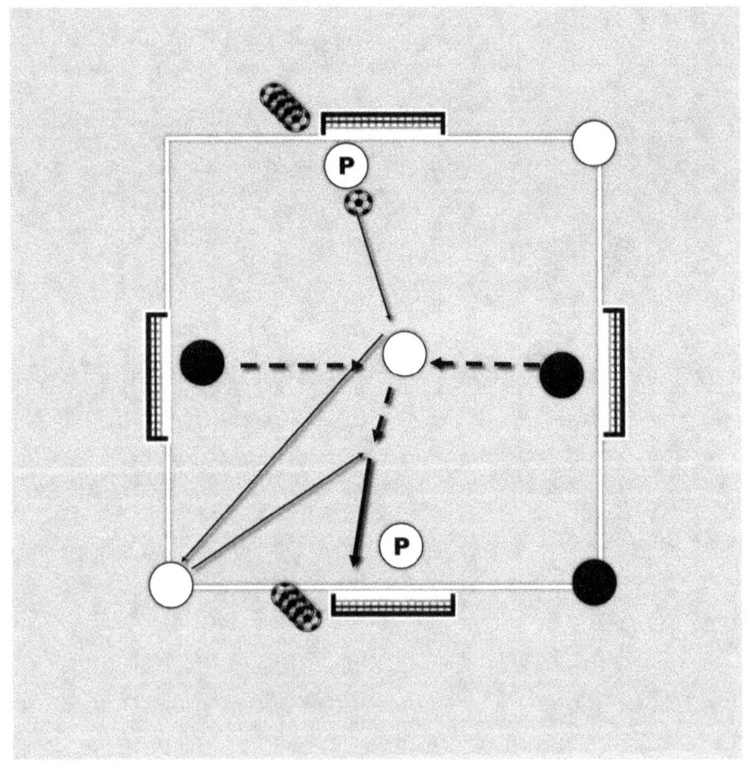

Tarea N° 31	Objetivo Principal	Mejora del lanzamiento a portería
	Jugadores	5

Explicación

El jugador y los porteros distribuidos como en la imagen. Cuando el jugador recibe del portero tiene que recepcionar, sacar el balón del cuadrado y lanzar a la portería desde la que no le presionaron y tiene el portero. Los porteros cambiarán en cada acción los que irán a la presión y desde el lugar que lo harán.

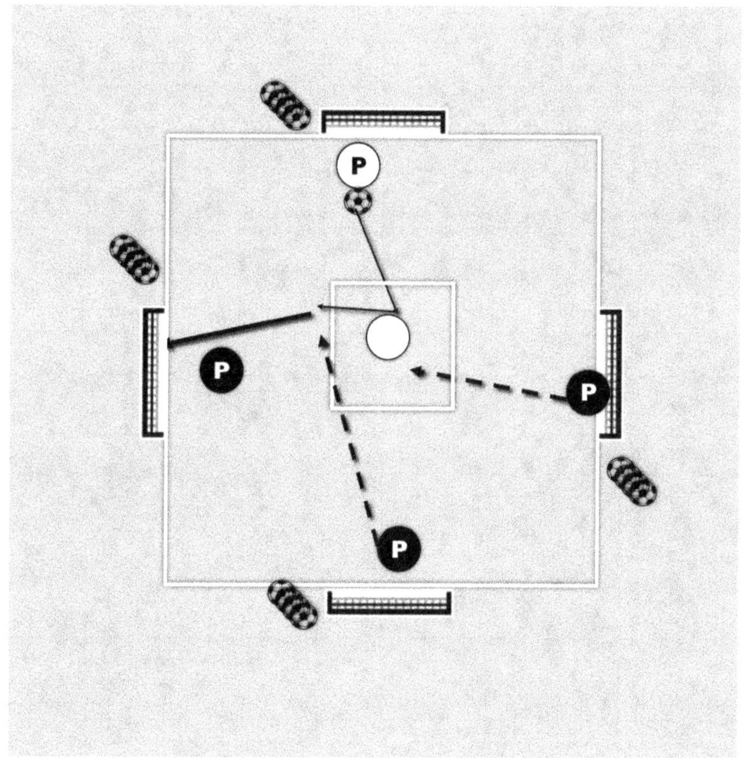

Tarea N° 32	Objetivo Principal	Mejora del lanzamiento a portería
	Jugadores	7

Explicación

Los jugadores distribuidos como en la imagen. Cuando el jugador recepciona del portero tiene que sacar el balón del cuadrado, lanzar a la portería que tiene el portero y dos jugadores irán a presionarle, sólo dentro del cuadrado. Irán variando de portería los porteros, al igual que los jugadores que irán a presionar.

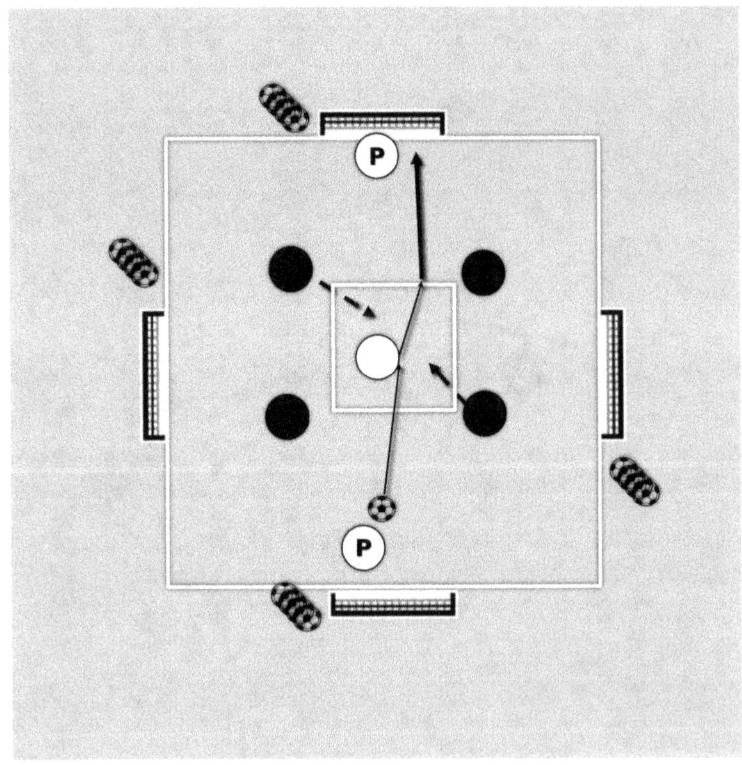

Tarea N° 33	Objetivo Principal	Mejora del lanzamiento a portería
	Jugadores	9

Explicación

Los jugadores distribuidos como en la imagen. Tendrán que atravesar de uno en uno y de lado a lado el cuadrado, pasando por el cuadrado del centro. El jugador sin balón intentará robar el balón a los que pasen por el cuadrado pequeño. Cuando lo haga, lanzará a portería con la presión de uno de los jugadores de los vértices, que no sabrá cuál será. El que perdió quedará en el cuadrado a la espera de robar a los jugadores que vayan pasando.

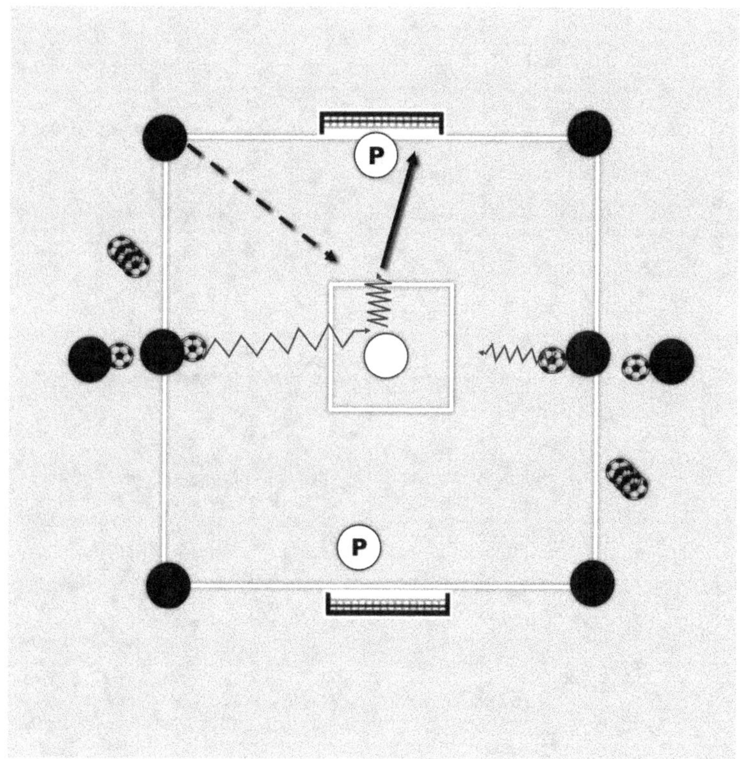

Tarea N° 34	Objetivo Principal	Mejora del lanzamiento a portería
	Jugadores	10

Explicación

Los jugadores distribuidos como en la imagen. Los dos jugadores del centro tienen el balón para atraer a dos jugadores rivales que irán a presionarles (irán cambiando en cada ocasión el lugar de donde van a presionar). Cuando vayan a la presión podrán jugar con uno de los compañeros de las esquinas para buscar una buena posición de lanzamiento y lanzar.

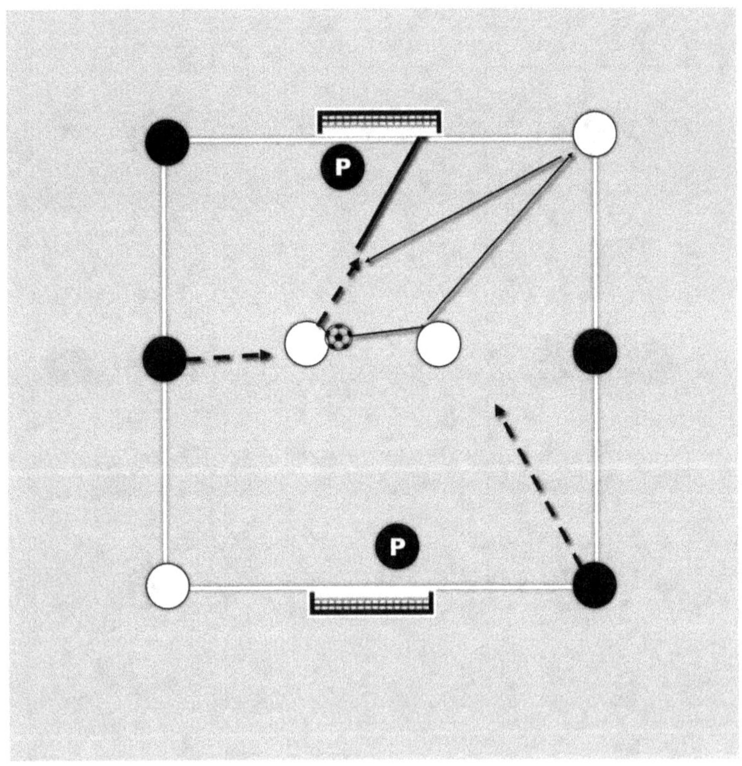

Tarea N° 35	Objetivo Principal	Mejora del lanzamiento a portería
	Jugadores	9

Explicación

Los jugadores distribuidos como en la imagen. El jugador del centro tiene el balón e intenta atraer a   dos jugadores rivales que irán a presionarle (irán alternando el lugar desde el que lo harán). Cuando vayan a la presión podrá jugar con los compañeros de las esquinas para buscar una buena situación para lanzar.

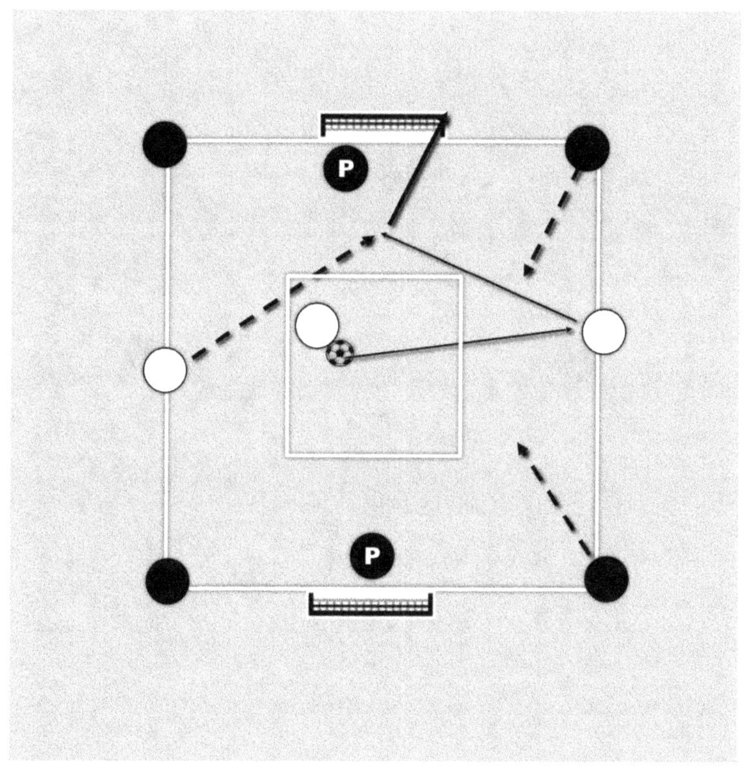

Tarea N° 36	Objetivo Principal	Mejora del lanzamiento a portería
	Jugadores	9

Explicación

Los jugadores distribuidos como en la imagen. El jugador del centro tiene el balón e intenta atraer a dos jugadores rivales que irán a presionarle (irán alternando el lugar desde el que lo harán). Cuando vayan a la presión podrá jugar con uno de los compañeros de las esquinas para buscar una buena posición de lanzamiento.

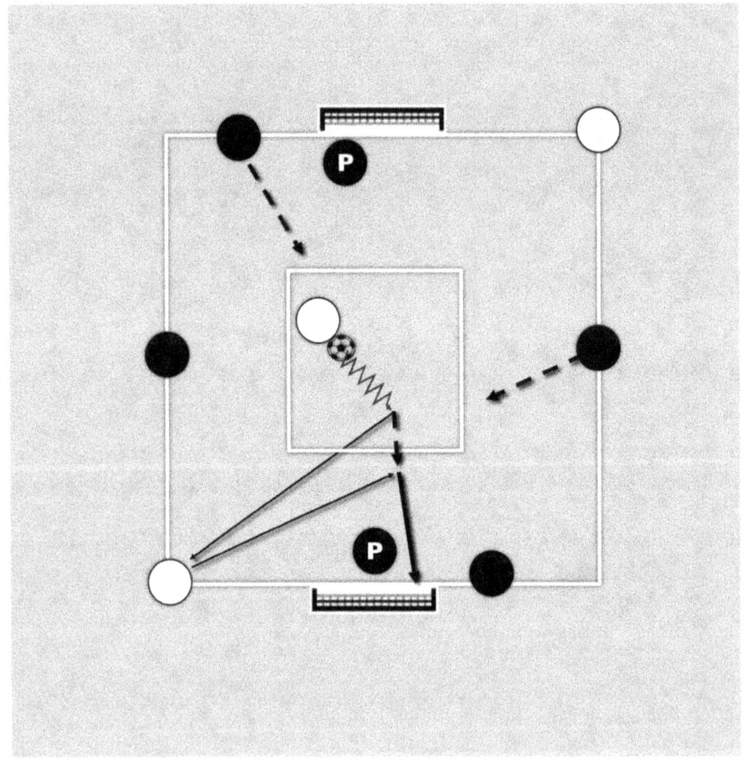

Tarea N° 37	Objetivo Principal	Mejora del lanzamiento a portería
	Jugadores	5 (P+2x1+1)

Explicación

Los jugadores distribuidos como en la imagen. El jugador del equipo negro tendrá el balón, cuando pierde el balón presiona y el compañero que está en la línea, interceptará o irá a marcar al jugador adelantado para que el equipo blanco no pueda lanzar a portería.

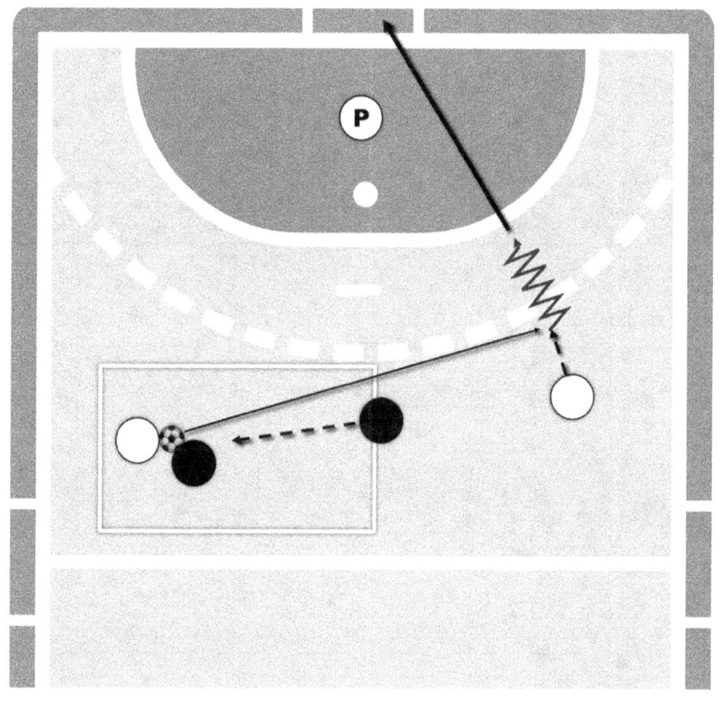

Tarea N° 38	Objetivo Principal	Mejora del lanzamiento a portería
	Jugadores	7

Explicación

Los jugadores distribuidos como en la imagen. Los jugadores del equipo negro tendrán el balón, cuando recupere el jugador del equipo blanco pasará a uno de los jugadores que están sobre las líneas y atacarán la portería el que robó y al que le pasó para buscar la mejor situación para el tiro. Los jugadores del equipo negro intentarán impedir el lanzamiento.

Tarea N° 39	Objetivo Principal	Mejora del lanzamiento a portería
	Jugadores	11 (5x5+P)

Explicación

En un rectángulo dividido en dos cuadrados, los jugadores se colocan en la disposición de la imagen. El equipo que no tiene el balón (negro) intentará interceptar un pase del equipo blanco, cuando lo consiga se irán algunos jugadores al otro campo para recibir y otros se quedarán como apoyos al que interceptó para jugar con los que se adelantaron. El equipo blanco dejará a unos jugadores presionando y otros replegarán para defender el otro cuadrado. El equipo negro buscará la mejor solución para lanzar a portería.

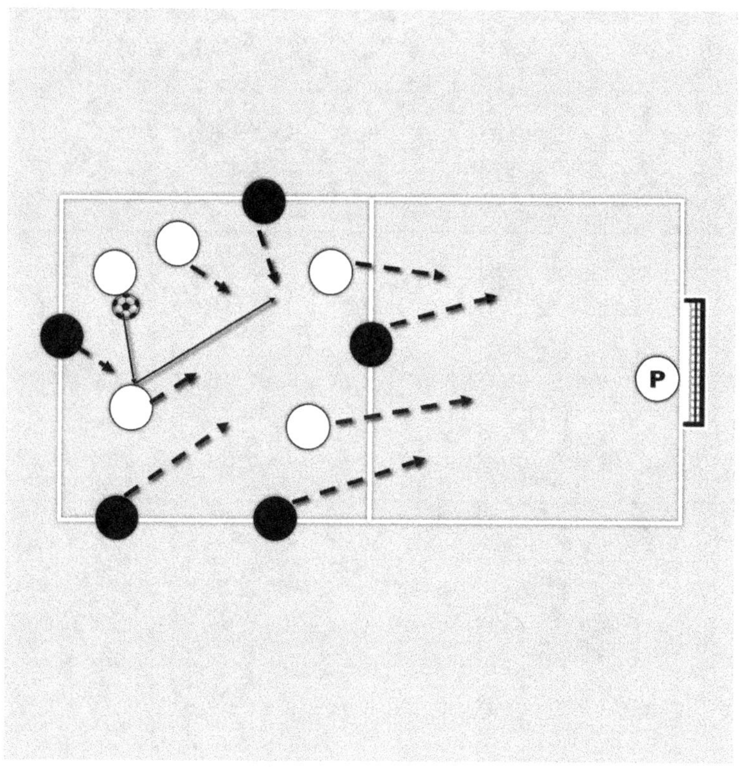

Tarea N° 40	Objetivo Principal	Mejora del lanzamiento a portería.
	Jugadores	13

Explicación

Los jugadores se distribuyen como en la imagen. Juegan tres jugadores (equipo negro) en un cuadrado provocando que entren a presionar los jugadores del otro equipo (blanco). Cuando entran a presionar, los jugadores del equipo negro pasan a uno de los dos jugadores que están fuera, salen para atacar y todo el equipo negro atacará la portería que defienden el portero y los jugadores blancos que no hayan entrado al cuadrado antes de pasar buscando la mejor opción para lanzar.

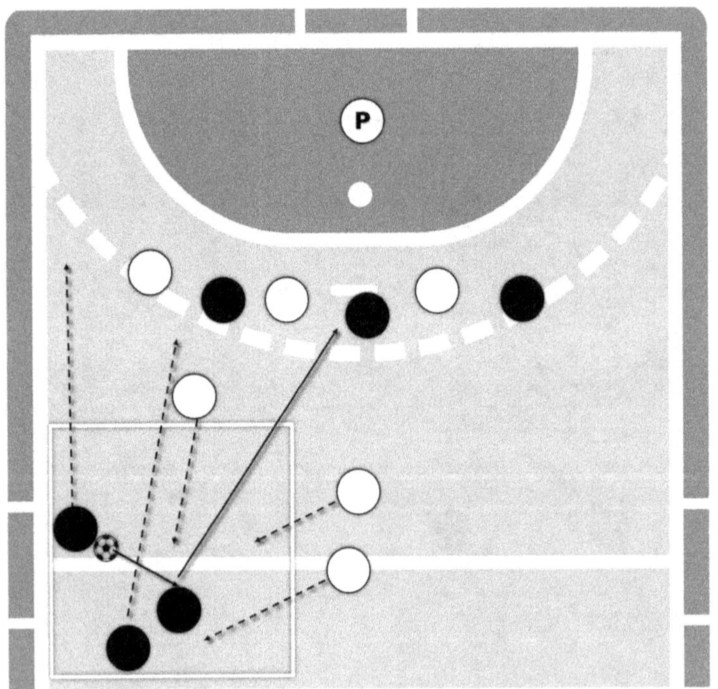

Tarea N° 41	Objetivo Principal	Mejora del lanzamiento a potería
	Jugadores	9

Explicación

Los jugadores del equipo negro situados sobre la línea del área y uno del equipo blanco entre la línea de nueve metros y la línea de seis metros. El equipo blanco intentará mover a los jugadores del otro equipo para poder encontrar una buena opción de lanzamiento o pasar al compañero adelantado para que lance. Si recibe el jugador adelantado, podrán ir los defensores a presionar el lanzamiento.

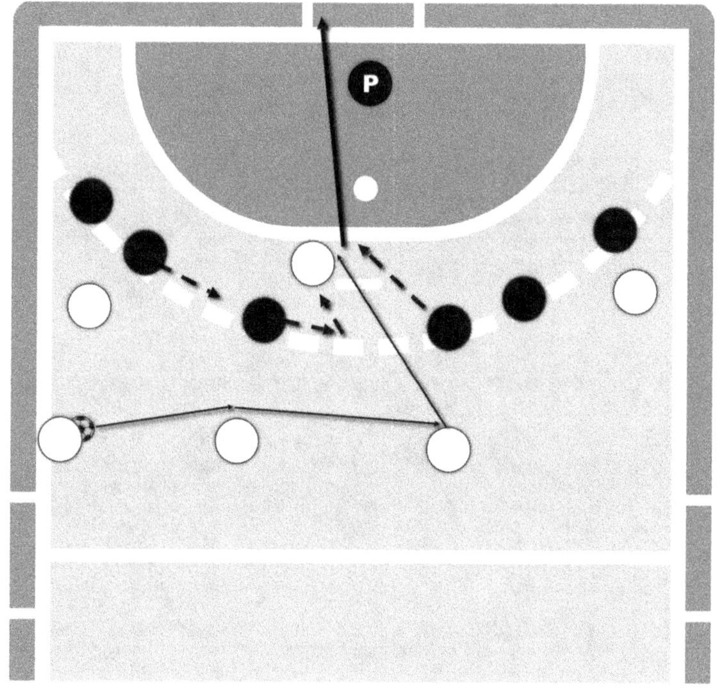

Tarea N° 42	Objetivo Principal	Mejora del lanzamiento a portería
	Jugadores	10 (4+Px4+P)

Explicación

Atacan cuatro contra cuatro hacia una portería. El equipo que ataca con un jugador en cada pasillo lateral y dos en el del centro. El portero estará en el punto de penalti. Intentarán lanzar por elevación aprovechando que el portero está adelantado. Cuando lanzan uno de ellos tendrá que ir a una de las siluetas o conos que están tras la línea de fondo antes de volver para defender. Esto dejará espacios en la defensa del equipo que lanzó que tendrá que defender y aprovechar el equipo que recuperó para encontrar la mejor opción para lanzar a portería.

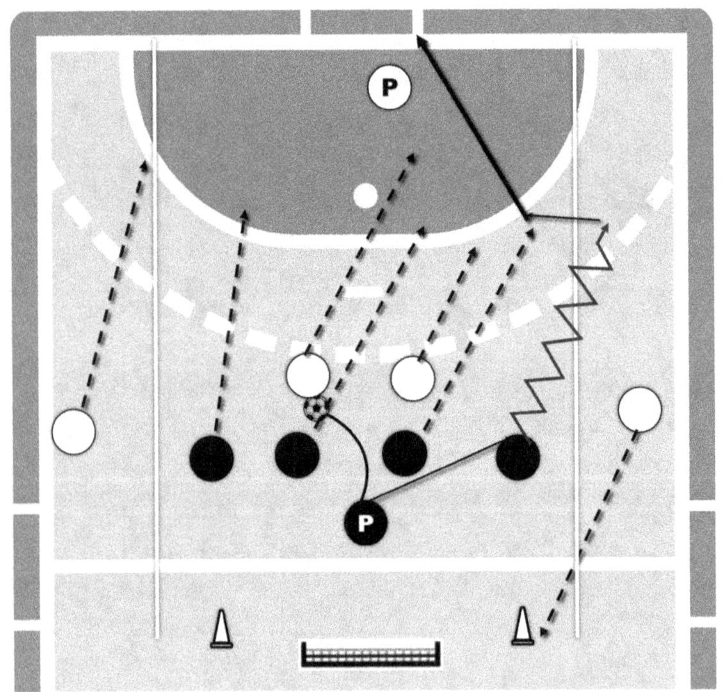

Tarea N° 43	Objetivo Principal	Mejora del lanzamiento a portería
	Jugadores	10 (4+Px4+P)

Explicación

Atacan cuatro contra cuatro hacia una portería. Cada vez que un equipo ataca, el jugador que lanza a portería o pierde el balón, tendrá que ir hasta uno de los conos que hay en la línea de fondo rival y el equipo que recuperó hará un contrataque buscando la mejor opción de lanzamiento antes que se ordene el equipo que lanzó o perdió.

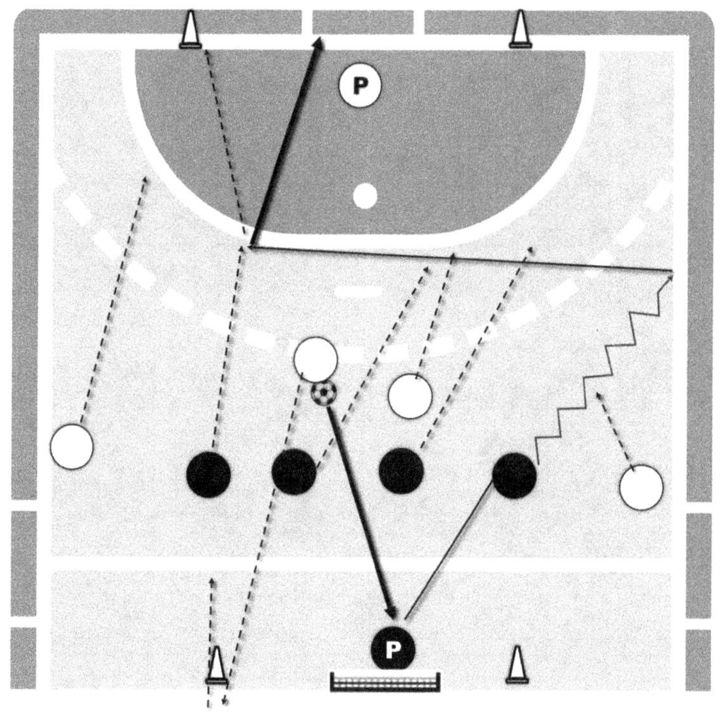

Tarea N° 44	Objetivo Principal	Mejora del lanzamiento a portería
	Jugadores	10

Explicación

Los equipos atacarán seis contra cinco, distribuidos como en la imagen. Cuando un equipo roba el balón, juega con el jugador que no defendió (que estará buscando la mejor disposición) y el jugador que pierde o lanza a portería no participa en defensa a la espera de que finalice el rival o su equipo recupere el balón y juegue con él para aprovechar los espacios a la espalda y buscar una ventajosa para el lanzamiento. En cada ocasión quedará un jugador sin defender de manera aleatoria y el equipo que ataca no sabrá cual será.

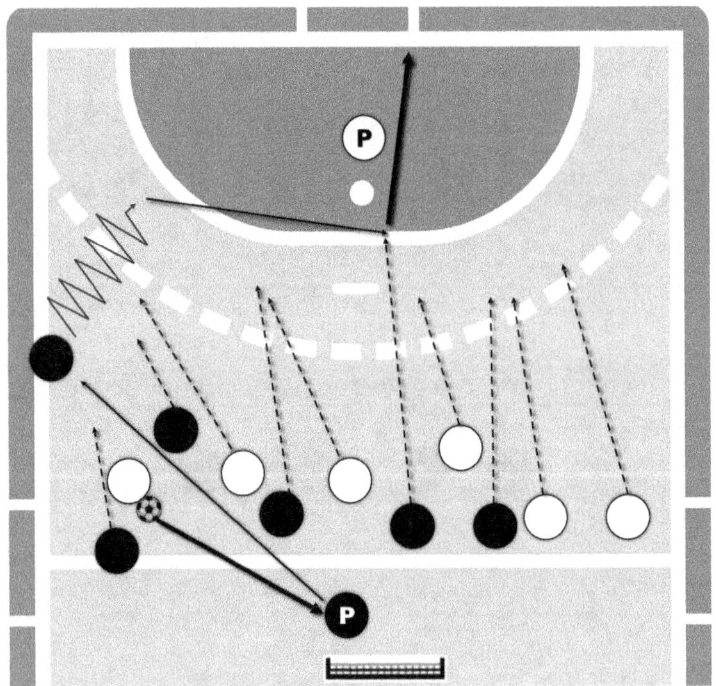

Tarea N° 45	Objetivo Principal	Mejora del lanzamiento a portería
	Jugadores	14

Explicación

En un rectángulo dividido en tres campos iguales, los jugadores se distribuirán dos en la zona central y uno sobre la línea. Los jugadores sobre las líneas solo podrán interceptar pases en defensa, en ataque esperarán que sus compañeros atraigan a los rivales para recibir en profundidad y lanzar a la portería rival. Cuando lo hagan, podrán entrar de manera aleatoria previamente coordinado por el entrenador uno o dos jugadores para defender, cambiando el número y la disposición de los jugadores que entran a defender en cada ataque.

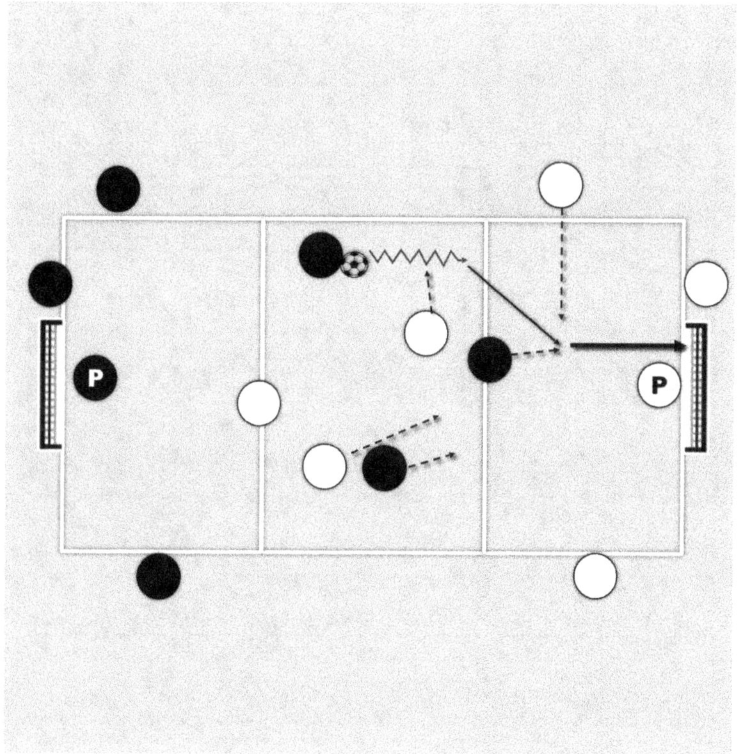

Tarea N° 46	Objetivo Principal	Mejora del lanzamiento a portería
	Jugadores	12

Explicación

En un rectángulo dividido en tres campos iguales. En la zona central habrá dos jugadores de cada equipo y sobre la línea defensiva del equipo que ataca tres jugadores y del equipo que defiende uno. Los jugadores de la línea del equipo que ataca se irán incorporando a posiciones adelantadas de manera aleatoria y nunca dos jugadores a la vez para encontrar una opción de lanzamiento. El jugador defensor estará vigilando los jugadores que se incorporan al ataque para defender. Si un equipo recupera, se incorporarán los dos jugadores que estaban fuera a la línea y salen dos de la línea del equipo que perdió el balón.

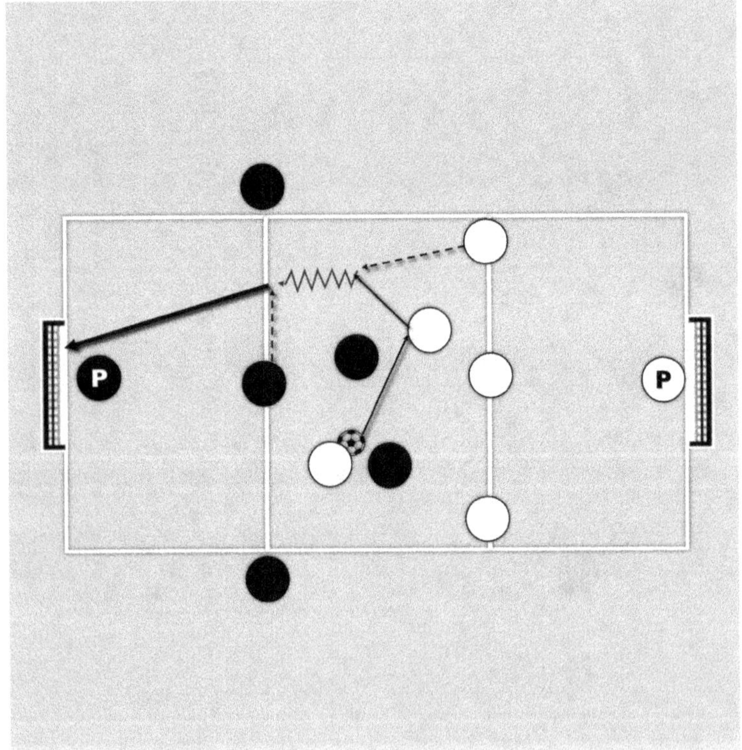

Tarea N° 47	Objetivo Principal	Mejora del lanzamiento a portería
	Jugadores	10

Explicación

Los jugadores distribuidos como en la imagen. Los jugadores en situación de uno contra uno del centro intentarán tirar a portería o pasar al compañero del pasillo y los jugadores de fuera podrán entrar en los pasillos para interceptar los pases o lanzamientos, pero no podrán permanecer en ellos.

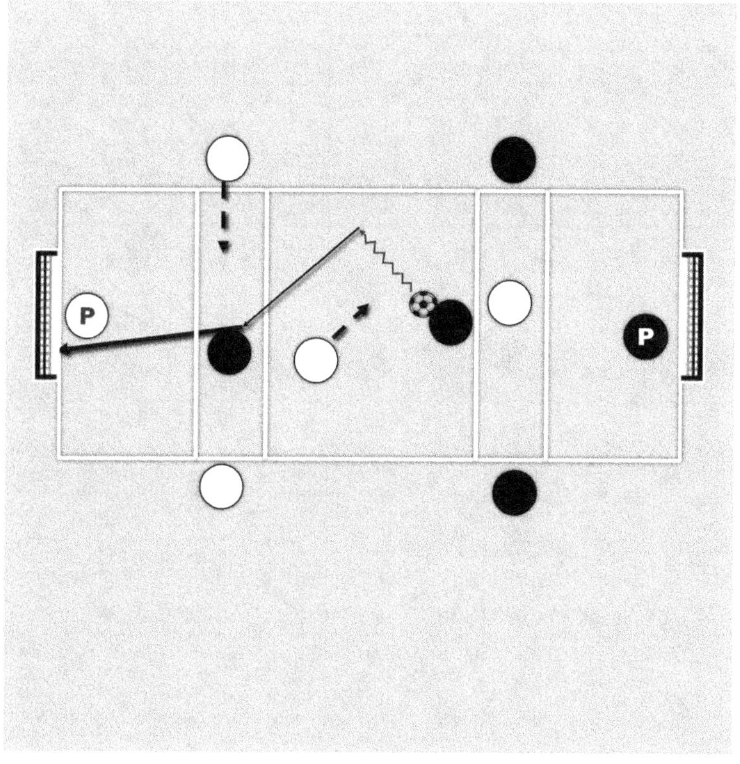

Tarea N° 48	Objetivo Principal	Mejora del lanzamiento a portería
	Jugadores	12

Explicación

Los jugadores distribuidos como en la imagen. Los jugadores en situación de uno contra uno del centro intentarán pasar al compañero del pasillo o lanzar a portería y los jugadores de fuera podrán entrar de manera aleatoria (pero solo uno) para poner oposición al jugador del pasillo. Si recuperan pasan al del centro para que lance o juegue con el jugador del pasillo y encontrar la mejor opción de lanzamiento.

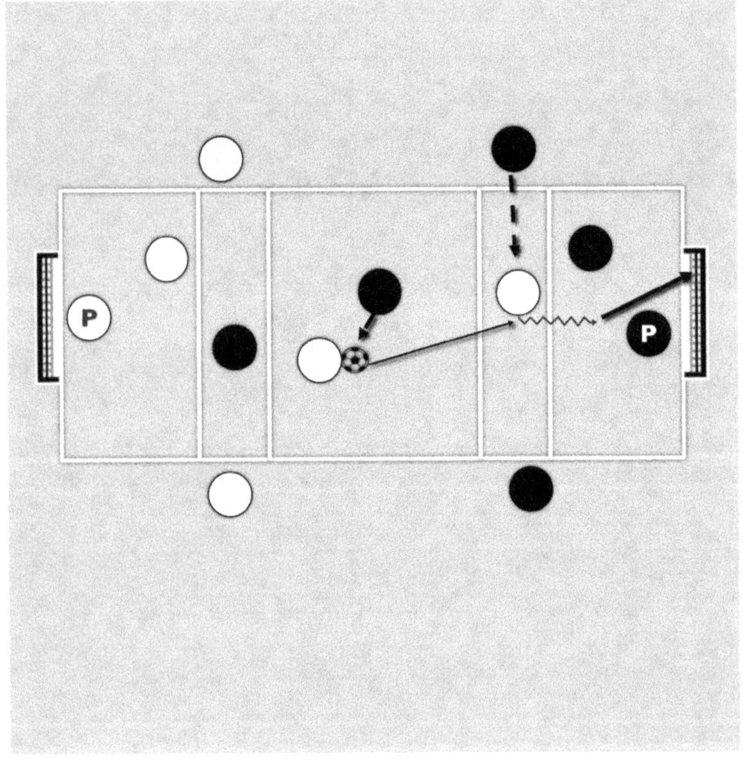

Tarea N° 49	Objetivo Principal	Mejora del lanzamiento a portería
	Jugadores	10 (P+4x4+P)

Explicación

En un rectángulo dividido en dos cuadrados, los jugadores se colocan en la disposición de la imagen, pudiendo cambiar el equipo con balón su disposición para atraer rivales. El equipo que no tiene el balón (blanco) coordinará para entrar en el cuadrado a presionar (cada vez un número de jugadores diferente). El otro equipo (negro) atraerá al rival y cuando entran a presionar los jugadores de equipo blanco jugarán con los más adelantados para poder lanzar a portería. Si roba el equipo negro lanzará a portería.

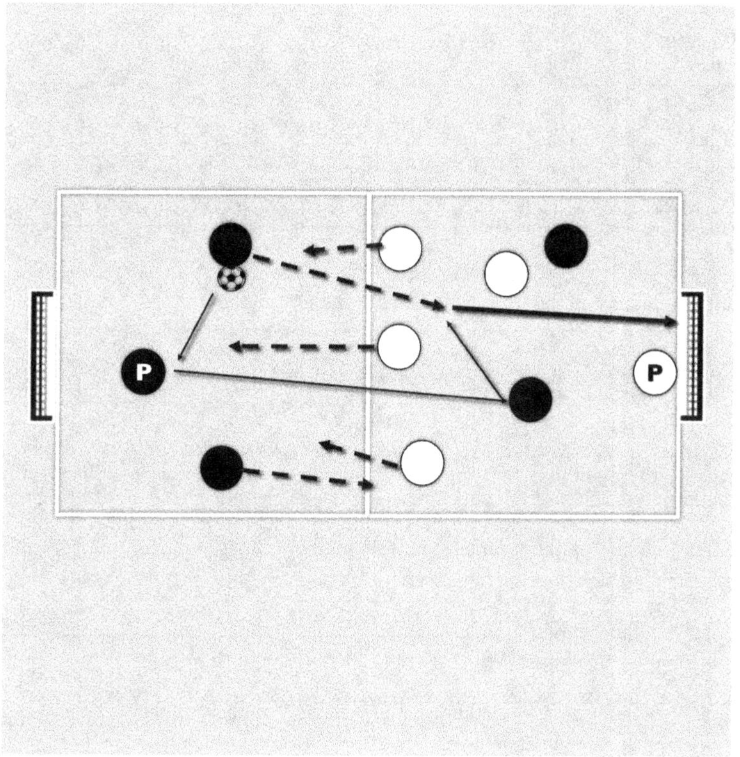

Tarea N° 50	Objetivo Principal	Mejora del lanzamiento a portería
	Jugadores	14

Explicación

En un rectángulo dividido en tres campos iguales, los jugadores se distribuirán tres en la zona central y uno sobre la línea. Los jugadores sobre las líneas solo podrán interceptar pases en defensa y en ataque participarán como apoyos. Los jugadores de los vértices participarán haciendo desmarques constantemente y de manera aleatoria cuando su equipo tiene el balón, para poder recibir y lanzar a portería. Serán presionados (cuando reciban) por los de las líneas para que no puedan lanzar.

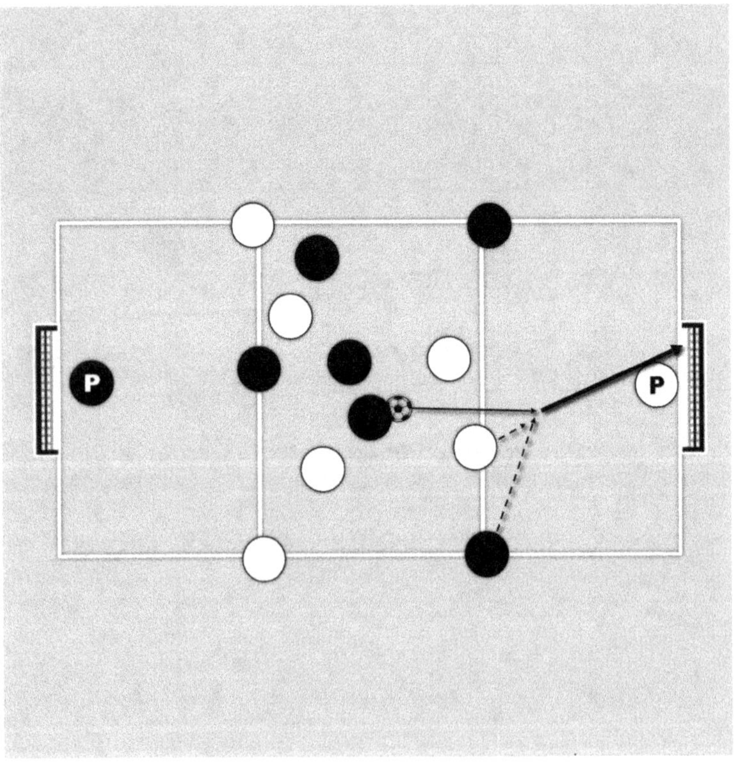

BIBLIOGRAFÍA

- Alarcón, F.; Cárdenas, D.; Clemente, V.; Collado, J. A. (Coord.); Guillén, J. C.; Jiménez, M.; Lázaro J.; Mercadé, O.; Ardoy, D. N.; Rivilla, I. y Sánchez, M. (2018): *Neurociencia, deporte y educación*. Editorial Wanceulen.
- Antón García, J. L. (2000): *Balonmano: Perfeccionamiento e investigación*. Editorial Inde.
- Ballarini, F. (2016): *REC: Porque recordamos lo que recordamos y olvidamos lo que olvidamos*. Editorial Debate.
- Bargh, J. (2018): ¿Por qué hacemos lo que hacemos?: el poder del inconsciente. Editorial Ediciones B.
- Caballero, M. (2017): *Neuroeducación de profesores y para profesores: De profesor a maestro de cabecera*. Editorial Ediciones Pirámide.
- Camacho Larrazaga, P. y Martín Barrero, P. (2019): *La enseñanza de los deportes de invasión en la educación física. Una propuesta basada en el baloncesto*. Editorial Wanceulen.
- Martín Barrero, A. y Camacho Lazarra, P. (Coords.) (2019): *Nuevas tendencias en entrenamiento y planificación*. Editorial Wanceulen.
- Crespo García, Manuel J. (2020): *Neurociencia aplicada al fútbol. Propuesta práctica*. Editorial Wanceulen.
- Espar, Xesco (2010): *Jugar con el corazón: La excelencia no es suficiente*. Plataforma Editorial.
- Feu Molina, S.; García Rubio, J. e Ibáñez Godoy, S. (2018): *Avances científicos para el aprendizaje y desarrollo del balonmano*. Universidad de Extremadura, Servicio de publicaciones.
- Garganta, J. y Pinto, J. en Graça, A. y Oliveira, J. (1997): *La enseñanza de los juegos Deportivos*. Editorial Paidotribo.
- González García, Iván (2019): *Balonmano actual: Análisis del juego e indicadores de rendimiento*. Editorial Wanceulen.
- Jackson, Phil (2014): *Once anillos*. Editorial Roca.
- Jozami, Silvina (2019): *Potenciando tu mente deportiva. Neurociencia simple para transforma el rendimiento deportivo*. Editorial Caligrama.
- Marí, Pep (2011): Aprender de los campeones. Plataforma Editorial.

- Marí, Pep (2019): *Equipos campeones: Como convertir un buen equipo en uno mucho mejor*. Editorial Plataforma Impresa.
- Mora, F. (2014): *¿Cómo funciona el cerebro?* Alianza editorial.
- Mora, F. (2017): *Neuroeducación: sólo se puede aprender de aquello que se ama*. Alianza editorial.
- Navarro Valdivieso, F.; González Ravé, J. M. y Pablos Abella, C. (2014): *Entrenamiento Deportivo. Teoría y Práctica*. Editorial Médica Panamericana.
- Pérez, Marcial (2019): *Mente Deportiva: Entrenar el cerebro para extender los límites del rendimiento*. Autoría Editorial.
- Pinaud, P. y Díez E. (2016): *Percepción y creatividad en el proceso de aprendizaje del balonmano*. Stonberg Editorial.
- Ponz Callen, J. M.; Lasierra Aguila, G. y De Andrés, A. (2005): *1013 ejercicios y juegos aplicados al balonmano*. Editorial Paidotribo.
- Recuelta Candón, Amalia (2016): *El cerebro decide*. Editorial Fútbol Táctico.
- Romeo Murgó, J. (2019): *Juegos predeportivos*. Editorial Paidotribo.
- Tamorri, Stéfano (2004): *Neurociencias y deporte. Psicología deportiva. Procesos mentales del atleta*. Editorial Paidotribo.
- Timón Benítez, L. M. y Hormigo Gamarro, F. (2010): *Balonmano en la escuela: Nuevos enfoques metodológicos y actividades para su enseñanza en al escuela y clubes deportivos*. Editorial Wanceulen.
- Torres Martín, C. e Iniesta Molina, J. A. (2015): *La formación del educador deportivo en balonmano*. Editorial Wanceulen.